Octavio Águilar Bejarano

MÉXICO CONTEMPORÁNEO

(Análisis Político-Administrativo
y propuestas legislativas)

Octavio Aguilar Bejarano

MÉXICO CONTEMPORÁNEO
(Análisis político – administrativo
y propuestas legislativas)

DEDICATORIA

Para Elvira Meza

Con todo mi agradecimiento a mi esposa, que ha sido mi complemento en todo momento desde que comencé esta aventura que es escribir. Porque siempre me ha brindado un gran apoyo, ya que ha estado en todo momento a mi lado, recordándome que debía continuar adelante. Ella ha sido y es el motivo por el que he superado, y por quien quiero seguir superando todos los obstáculos que se puedan presentar. Por el simple motivo de haberme mostrado que me apoyabas incondicionalmente, te estaré agradecido toda la vida. Y solo puedo decirte gracias desde mi corazón, porque sin Dios y sin ti las cosas no podrían funcionar.

Para mis hijas Alma: Ericka y Anayely

Gracias por compartir conmigo mis sueños y mis proyectos. Y sobre todo, por el entusiasmo con el que lo hacen y el inmenso cariño con el que me apoyan. Ese entusiasmo me contagia de alegría y me impulsa día a día. Ustedes hacen suyos cada uno de mis proyectos y eso me fortalece, porque aumenta mi afán de demostrarles que hay muchas alternativas en el recorrido de una vida y que no hay que conformarse con la rutina gris, sino todo lo contrario; hay que buscar los medios necesarios para lograr sentirse realizado y, sobre todo, satisfecho. Espero que este ejemplo sirva también para nuestra siguiente descendencia, que serán los nietos.

Para el maestro Francisco Navarro Lara y para mis amigos escritores

Solo me resta decir gracias a Francisco por todo el apoyo que me ha brindado en esta travesía, sus enseñanzas han sido de mucha ayuda en mi preparación personal, pero, sobre todo, le agradezco que haya sido el vínculo que hizo posible conocer a mis amigos escritores. Ellos han sido un pilar importante para asomarme al mundo de la escritura en muchos puntos distintos del planeta, unidos por un sueño común, dejar nuestro legado; eso me ha ayudado en muchos momentos a continuar por este sendero.

"No somos responsables sólo de aquello que decimos, sino también de lo que no decimos."

Martín Lutero

MÉXICO CONTEMPORÁNEO

(Análisis político-administrativo

y propuestas legislativas)

INDICE

Capítulo VII

Conclusión: México Contemporáneo.
Propuestas legislativas

PREFACIO

Este libro se hace interesante por dos motivos. El primer motivo es porque expone, de una manera fidedigna y documentada, los entresijos de los movimientos políticos y cómo ha sido la administración general de México en las últimas décadas. Y segundo, porque no se conforma con analizar y denunciar las actividades ilegales y la administración precaria que ha sufrido este país en estos tiempos, sino que va más allá, planteando propuestas de Leyes que se perciben como absolutamente necesarias para poder prevenir, y no solo punir, un tipo de comportamientos y delitos que han sacudido al pueblo mexicano durante los años que se analizan.

México, como todos sabemos, es un país que está situado entre los Estados Unidos de América y América Central. Es bien conocido por sus playas paradisíacas en el Pacífico y en el Golfo de México, y su maravilloso y diverso paisaje, que discurre entre montañas, desiertos y selvas. Las ruinas antiguas, como Teotihuacán y la ciudad maya de Chichén Itzá, son conocidas en todo el planeta, así como las bellas y pintorescas ciudades de la época colonial española.

También son bien conocidas sus tradiciones llenas de color, fiestas y alegrías, todas ellas con un toque de misticismo e historia. Como, por poner un ejemplo, el Día de Difuntos, una celebración que quizás sea la más típica y reconocida de entre las costumbres y tradiciones de México. Sin olvidar mencionar la famosa fiesta de Guelaguetza o el ritual de los Voladores de Papantla. Lo que quizás no conoce mucha gente es el ambiente político y los problemas de administración del Estado en el que se desarrolla la vida cotidiana de los mexicanos y mexicanas. Este libro es un intento de hacer comprender al mundo el discurrir cotidiano de todos ellos, del pueblo mexicano, y para ello hay que remontarse al México que quedó tras la Revolución. Esto justifica que hagamos aquí un breve esbozo de la historia de México desde este punto, el final de la Revolución Mexicana, hasta el punto contemporáneo en que empieza el análisis de esta obra.

Después de la época revolucionaria en México se sucedieron los reformistas, un partido político que más adelante, hacia la década de los cuarenta, cambiaría de nombre al de PRI, por las siglas de Partido Revolucionario Institucional. Una figura esencial en estos comienzos es la de Lázaro Cárdenas del Rio que en 1937 se puso a la dirección del país, desarrollando actividades para solucionar algunas inquietudes que se venían proponiendo ya desde hacía algún tiempo. Sus acciones en este sentido fueron: llevar a cabo la Reforma Agraria, nacionalizar la red ferroviaria y expropiar el petróleo, cuya explotación había estado hasta ese momento en manos de compañías extranjeras. Todo ello hizo que fuera uno de los presidentes mejor valorados de la historia de México, aunque, por otro lado, no logró solucionar otras situaciones muy graves que preocupaban al pueblo mexicano, como era la corrupción política y los altos índices de pobreza.

A Cárdenas le sucedió Manuel Ávila Camacho que desarrolló una política moderada, lo que muchos llamarían, según su entender, una política de centro. Con el trascurso de la Segunda Guerra Mundial la economía de México, como la de casi todos los países del mundo que se vieron de alguna manera afectados, sufrió y en 1942 México decide involucrarse en esta Guerra, apoyando al bando de los aliados. Los siguientes presidentes fueron Miguel Alemán, Ruiz Cortines (a quien hay que reconocer el avance de conceder el sufragio universal, a partir del cual las mujeres mexicanas tenían derecho al voto) y Adolfo López Mateos (bajo cuyo mandato la economía del país experimentó un gran crecimiento inaugurándose varios hospitales, escuelas y museos).

Posteriormente, sobre 1968, la economía mexicana vuelve a presentar un receso y el pueblo mexicano se muestra cada vez más descontento. Es cuando tiene lugar uno de los episodios negros de la historia del país, la Matanza de Tlatelolco, en cuyo transcurso cientos de estudiantes murieron bajo la represión de las fuerzas de seguridad. Sin duda, un trágico episodio que quedaría en la memoria del pueblo mexicano. El PRI, a partir de estos hechos, se pone cada vez más en tela de juicio por su política, con un marcado tinte represivo y sus presuntos fraudes electorales.

La economía va virando hacia el neo-liberalismo, es decir, empiezan a privatizarse cientos de empresas estatales. Es ya la década de los ochenta, en la que se padece la crisis del crudo y el narcotráfico comienza a tomar mucho poder y a mover mucho dinero. Una vez sentados todos estos precedentes, esperamos que pueda comprender mucho mejor todo el análisis y lo que se expondrá a continuación en el interior de este libro. Les deseo que disfruten mucho su lectura tal como yo disfruté escribiéndola, y que les sirva para entender los entresijos de la vida cotidiana de un país de contrastes, hermoso y grande, en el amplio sentido de la palabra, como lo es México.

INTRODUCCIÓN

Durante muchísimos años, los presidentes que estuvieron a cargo de la república de México han concluido sus mandatos de seis años y entregado el poder de una manera pacífica. En esto, se puede decir con confianza, que México se ha diferenciado de otros países del continente, ya que los exmandatarios mexicanos, a diferencia de algunos de sus homólogos de la región, se han jubilado de manera tranquila, cómoda, sin traumas y, principalmente, presumiendo de no habitar en ellos temor alguno a ser acusados de presuntos delitos o deslices administrativos cometido en el ejercicio de sus cargos.

Sin embargo, el actual presidente del país Azteca, Manuel López Obrador, pone en peligro esa aparentemente bien instalada tradición, acusando a los cinco presidentes que inmediatamente lo han precedido, por corrupción o políticas económicas nefastas e injustas, intentando sentar un precedente a través de la aprobación pública para llevar a esos expresidentes mexicanos ante la justicia. Su aspiración judicial está respaldada por un proyecto de ley que tiene como base, las denuncias contra los cinco ciudadanos que gobernaron el país entre los años 1988 y 2018. Estos ciudadanos fueron: Carlos Salinas de Gortari, Ernesto Zedillo, Vicente Fox, Felipe Calderón y Enrique Peña Nieto.

De aquí nace la necesidad de escribir este libro. Y es que se hace absolutamente necesario evaluar la gestión político-administrativa de estos expresidentes señalando sus aciertos, errores y delitos contra la ética en la Administración Pública. Pero no podíamos quedarnos en el mero análisis y en la denuncia oportuna, sustentada y documentada. Sino que, a partir de análisis y reflexiones, queremos concretar algunas propuestas dirigidas a nuestras Cámaras Legislativas, con la honorable intención de que sean convertidas en leyes que prevengan y castiguen estos delitos contra el Estado y el pueblo mexicano durante el ejercicio del poder público.

CAPÍTULO I

El fraude y la corrupción de Carlos Salinas De Gortari

A pesar de lo que pudiera pensarse, en los inicios del periodo presidencial de de la Madrid, avanzando el año de 1987, se vivió en México un año tumultuoso, no solo en el terreno económico sino también en el político. Desde el punto de vista económico, la incompetencia del régimen para restaurar las tasas de crecimiento sostenibles generó nuevos brotes de inconformidad. Aunque, más que una incompetencia propiamente dicha, podría nombrarse como inactividad o dejadez respecto a los problemas que enfrentaba la sociedad mexicana en aquel momento.

En noviembre del año de 1987 el gobierno por fin acepta la sobrevaluación del peso, expresando a su vez la idea de que adoptar esta medida podría hacer flotar la moneda en el mercado cambiario. Para los que no están acostumbrados a términos legales o económicos, aclaro que moneda sobrevaluada es un término que hace referencia a una moneda cuyo valor de cambio, expresado en valores de otras monedas se considera más alto, debido normalmente a una intervención gubernamental para sostener su cotización. Esta política puede justificarse si se trata de obtener mayores beneficios del comercio internacional abaratando las importaciones.

Sin embargo, lo que ocurrió fue un efecto que no había tomado en cuenta en sus elucubraciones el gobierno del país, y fue que, de un día para otro, el capital flotante generó una devaluación del orden del 18 %. Esta devaluación impulsó la inflación que llegó hasta niveles del 144 % anual. Podrá comprender que esto agravó aún más la situación financiera del país, en un momento ya de por sí difícil. A fin de prevenir una catástrofe económica, el presidente de la Madrid optó por un pacto de solidaridad económica entre su gobierno, empresas y trabajadores, para así intentar establecer un control sobre los precios y los salarios. Realmente no era nueva la influencia del Estado sobre la actividad de las empresas y la contratación de los trabajadores en el país, pero los mencionados controles, bajo la premisa de "todos tenemos que colaborar para solucionar la situación", fueron de un alcance sin precedentes, se podía pensar que iban mucho más allá de lo necesario para ser "solidarios".

La herencia de Salinas

A quien le tocó lidiar con semejante herencia fue a Carlos Salinas de Gortari. Este presidente electo era un economista con experiencia de gobierno, ya que fue Ministro de Presupuesto y Planificación durante la administración de de la Madrid, el cual lo consideró como un buen candidato para ser su sucesor. El flamante heredero tenía estudios en Harvard, e incluso adornado de un doctorado. Se le consideraba y era, efectivamente, un tecnócrata, ya que era un profesional muy especializado en economía y administración, por lo cual algunos esperaban que aplicara medidas eficaces en el desempeño de su cargo público. Medidas que, dicho sea de paso, persiguieran el bienestar social al margen de consideraciones ideológicas concretas.

Pero, aunque fue considerado como una persona bastante competente, tenía poca experiencia en la política de base. Extrañamente, estaba más que suficientemente cualificado para asumir los múltiples problemas del país desde el punto de vista administrativo, pero quizás, esa cualificación no abarcaba el terreno político. Durante todo su mandato, De la Madrid había establecido el compromiso público de promover la reforma política, algo que quedó como agua de borrajas, porque no lo cumplió. En ningún momento, durante el tiempo que duró su administración, se propuso siquiera tal reforma en los medios pertinentes, por lo que quedó como una simple promesa electoral. El fracaso de su gobierno en abrir el sistema político a la oposición dio al traste con las expectativas de progreso y de avance hacia una mayor libertad de elección que tenían los ciudadanos de la nación.

En consecuencia, un ambiente de decepción se fue extendiendo cada vez más. Algunos "priistas" que se sumaban a esta decepción, establecieron la Corriente Democrática (CD) dentro del partido, en octubre del año de 1986. Dentro de los líderes que formaban parte de la CD, destacaban un expresidente del PRI, Muñoz Ledo y Cuauhtémoc Cárdenas, hijo del presidente Cárdenas y ex gobernador del estado de Michoacán.

El hecho común que cohesionaba a los miembros de la CD, era la exclusión de los procedimientos de nominación para las elecciones. Esto se refiere, por exponerlo de manera llana y sencilla, a la aplicación de la selección a dedo ("el dedazo", como es popularmente conocido). Denominándose así, sobre todo, a la costumbre, no muy democrática, de que el presidente en ejercicio seleccione directamente a su sucesor para ser luego declarado formalmente candidato del partido. Por otro lado, los integrantes de la CD y sus simpatizantes, coincidían en estar en desacuerdo con las medidas económicas de de la Madrid, las cuales consideraban demasiado austeras. Sostenían que el presidente había, de alguna manera, hipotecado el patrimonio nacional a intereses foráneos. Esta tendencia dentro del PRI, halló más receptividad interna, quizás, que la esperada en un principio.

En la asamblea nacional que celebrara el PRI un día de marzo de 1987 a través del presidente del partido, Jorge de la Vega, se amonestó a "Corriente Democrática" con la recomendación de que renunciaran a sus cargos quienes no pudieran acatar las reglas del partido. Muñoz y Cárdenas, meses después, fueron declarados "persona non grata" dentro del PRI. Ante tales hechos, Cárdenas se postuló como candidato independiente a la presidencia en julio del mismo año 1987. Tuvo entonces el respaldo de una coalición de partidos de izquierda que luego fueron llamados "Frente Democrático Nacional" (FDN).

Cárdenas proponía una vuelta a los principios originarios de la Revolución Mexicana. La ascendencia familiar de Cárdenas parecía darle una real legitimidad a su mensaje, agregando un especial impacto emocional a las razones políticas para el votante mexicano medio. Los postulados nacionalistas, el rechazo a la deuda externa y la redistribución de las exportaciones de petróleo fuera de Estados Unidos, llamaban la atención de los votantes de menores ingresos, cuya calidad de vida no se había beneficiado en nada, sino más bien al contrario; se había visto enfrentando más dificultades durante el gobierno de de la Madrid. Por otro lado, debemos apreciar, y no subestimar la importancia, de la existencia de un componente étnico. Me refiero, como se podrán percatar, a la condición de mestizo de Cárdenas.

Hagamos aquí, para quien no conozca en profundidad la historia de México, una consideración sobre el término "mestizo". Durante la época colonial se les llamaba mestizos a todas aquellas personas que habían nacido de un español y una indígena, y a la inversa (aunque eso fuera menos frecuente por los usos sociales de la época). Dependiendo del físico predominante, es decir, del fenotipo que mostraban (su apariencia), a los mestizos a veces se les tomaba como españoles y otras veces como indígenas.

El concepto de mestizo se va haciendo a lo largo de los años cada vez más amplio. A partir de 1930, el gobierno mexicano adoptó una definición cultural de este, considerando como mestizos a la totalidad del segmento de la población mexicana que no hablaba lenguas indígenas, independientemente de si eran de herencia mixta o no. En el siglo XXI ya se hacen estudios sobre el mestizaje dentro de la población catalogada como indígena. Por ejemplo, el mestizaje entre mixes y zapotecos, de mayas con naguas, de mazahuas con purépechas, etc.

La sociedad se fue construyendo como una mezcla de sincretismo indígena, europeo, africano y asiático. Después de la independencia de México se estimaba que entre 50 y el 60 por ciento de la población del país era indígena, que de entre un 18 a un 22 por ciento eran criollos y que alrededor del 1% eran negros. Al resto de la población (de entre un 21 a un 25 por ciento) se le consideró mestizos, y fueron una parte muy importante del movimiento secesionista del territorio ante la corona española.

Actualmente más de 500 grupos étnicos componen a la mayor parte de la población mexicana. Debido a la evolución que el significado del término mestizo ha experimentado con el tiempo la población mestiza moderna, a diferencia de la población indígena, no constituye una etnia por sí misma, ya que sus ancestros pueden proceder de diferentes etnias y pueden no tener ningún rasgo de apariencia (fenotípico), lingüístico o cultural exclusivo.

En general, y para concluir este aclaratorio, podemos decir que en México el término *mestizo* ya casi no se usa, siendo su uso limitado, en su mayoría, a círculos académicos e investigaciones demográficas. En definitiva, es usado unas veces para referirse a personas con una apariencia fenotípica intermedia entre europeos e indígenas y otras, para referirse al segmento de la población mexicana que no habla lenguas indígenas, sin importar su fenotipo o herencia genética.

Para los mexicanos que se sienten mayormente mestizos, el hecho de poder ser gobernados por uno de los suyos, le daba un adicional atractivo a la candidatura de Cárdenas. No fueron pocos los que en el PRI se daban cuenta de la amenaza que significaba la candidatura de Cárdenas. Algo había que hacer ante aquella realidad. En consecuencia, el partido trató de hacer parecer como más pluralista el sistema de nominación a la presidencia. Así, el día 14 de agosto de 1987, de la Vega hizo pública una plantilla de seis candidatos a la nominación, que de hecho incluía a Salinas, pero no así a Cárdenas.

Salinas fue oficialmente nombrado candidato el día 4 de octubre de 1987. Inició su campaña electoral con la obligación de defender políticas poco populares en contraste con un rival, que se consideraba como muy popular en una circunstancia en que la "solidaridad", pretendida por el anterior gobierno y la influencia del PRI, estaba en duda. Aunque Salinas insistía en la honestidad probada del proceso electoral, el resultado de la elección de julio de 1988 parecía, por lo menos, sospechoso de ser un fraude.

Los hechos ocurridos más lamentables y graves, fueron la muerte de dos ayudantes importantes de Cárdenas: Xavier Ovando y Román Gil, cuyas muertes nunca fueron aclaradas debidamente. Luego de las elecciones los reportes de los observadores externos y las entrevistas con los votantes, señalaban, como se podía sospechar, que una parte importante del sufragio rural tuvo cierto grado de manipulación. Pero tuvo que quedar en sospecha, no pudo demostrarse porque el hecho fue que el "FDN" y el "PAN" no tenían los suficientes observadores para testificar adecuadamente el proceso de las elecciones.

Después de bastante retardo en el conteo de votos, el 13 de julio de 1988, la comisión electoral declaró como triunfador a Salinas. La gran sorpresa fue el número total de votos sobre el que obtuvo un enorme porcentaje, nada menos que el 50, 36 por ciento del total de los votos. Esto fue otro motivo por el que los ciudadanos pudieron pensar que el proceso electoral no había sido del todo limpio, y creció el descontento entre los mexicanos contra el PRI.

Cárdenas rechazó los resultados electorales que le daban el 31 por ciento de los votos. El 17 de julio de 1988 encabezó una manifestación popular, a la que asistieron, por lo menos, doscientas mil personas en Ciudad de México. Esta tenía la intención de obligar a un nuevo recuento de los votos. Ante toda la desconfianza creada y la evidencia de los sucesos, los dos candidatos de la oposición se unieron; Cárdenas junto con el candidato Manuel Clouthier del PAN, para reclamar la nulidad de las elecciones y, en consecuencia, la designación de un presidente interino.

El 15 de agosto de 1988 el Congreso Nacional, constituido como colegio electoral, ratificó el voto presidencial. Cárdenas presentó cargos penales contra el ministro del Interior, Manuel Bartlett Díaz, quien también se desempeñó como titular de la Comisión Federal Electoral. A pesar de una nueva manifestación multitudinaria, el 15 de agosto del mismo corriente, convocada por el FDN y el PAN, las protestas nacionales no se materializaron y el Colegio Electoral ratificó la victoria de Salinas.

Durante sus últimos meses en el cargo, de la Madrid intentó equilibrar la economía para bien de su sucesor. El 15 de agosto de 1988, el gobierno prolongó la congelación de sueldos y precios hasta finales de noviembre, final del mandato de de la Madrid. Esta congelación había logrado reducir la inflación del 15 por ciento, en la que se situaba en enero, al 1 por ciento en agosto; es decir, en tan solo ocho meses. Para aliviar un poco la carga sobre los pobladores de menores ingresos, el gobierno eliminó un impuesto al valor añadido del 6 por ciento sobre alimentos básicos y médicos y decretó una disminución de impuestos de cerca del 30 por ciento aplicable a los trabajadores de bajos recursos.

Respecto a las divisas, el cambio del peso al dólar se sostuvo en el nivel de 2270 a 1 establecido en diciembre de 1987. A mediados de octubre de 1988, el gobierno de los Estados Unidos otorgó un préstamo de 3.500 millones de dólares al gobierno mexicano, a fin de atenuar el déficit de ingresos debido a la continua caída de los precios del petróleo. Este, realmente, era un préstamo puente hasta que el gobierno pudiera llegar a un arreglo con el Fondo Monetario Internacional y el Banco Mundial. La preocupación que motivaba ese apoyo del gobierno norteamericano era más política que económica. Desde el año 1982 al año 1988, el ingreso de los ciudadanos medios en México había caído en un 40 por ciento, la inflación había llegado cerca al 160 por ciento anual, la búsqueda para la privatización había acabado con miles de empleos que aún no habían sido reemplazados por el sector privado y la contracción económica era alta.

Expectativas y corrupción

A pesar de que el gobierno de Salinas despertó importantes expectativas en algunos sectores mexicanos, hubo evidentes e importantes hechos de corrupción. Salina estuvo al frente del ejecutivo mexicano entre diciembre de 1988 y noviembre de 1994. A Salinas se le acusa de ser culpable de muchas y estratégicas privatizaciones. Hablamos de que, de unas 150.000 empresas públicas existentes en 1982, pasaron a quedar apenas unas 200 en 1994, al terminar Salinas su periodo presidencial.

Estas privatizaciones incluyeron bancos con excelentes condiciones de adquisición y empresas de telecomunicaciones (Telmex, fue realmente un remate del gobierno). Que se cedieran de un modo tan "amable" esta cantidad tan importante de empresas, hacía sospechar a algunos que una parte del dinero invertido iba a parar a cuentas personales. La familia de Salinas también se vio envuelta en hechos de corrupción, como el manejo ilícito de la llamada "partida secreta"; una cantidad de dinero no declarada y de dudoso origen, que administraba el hermano, Raúl Salinas de Gortari, entre otros graves hechos que aquí no vamos a mencionar.

Vinculaciones con el narcotráfico

De acuerdo al periódico norteamericano: "The New York Times", en investigaciones conducidas por expertos de la policía de Suiza, se concluye que el hermano del expresidente Carlos Salinas De Gortari, es decir, el mencionado anteriormente, Raúl Salinas de Gortari, habría desempeñado un importante rol en el tráfico de drogas. De acuerdo al Times, Raúl Salinas, quien fuera funcionario del gobierno de su hermano, no solo estaba implicado, sino que tuvo a su cargo todo lo referente al tráfico de drogas a través de las fronteras de México, según se explica en el informe señalado.

Derechos Humanos

Finalmente, otro elemento negativo de la administración de Salinas de Gortari se refiere a la violación de los derechos humanos en los sucesos conflictivos de Chiapas. La represión a las manifestaciones urbanas y el nombramiento en cargos de importancia a abiertos violadores de los derechos humanos en México, fuero un claro desprecio a los derechos humanos y la dignidad de los ciudadanos. Por lo anteriormente resumido, una parte importante del pueblo mexicano recordará la presidencia de Salinas de Gortari, como una de las peores administraciones gubernamentales que haya tenido la nación Azteca.

CAPÍTULO II

Ernesto Zedillo: Violación de derechos humanos y narcotráfico (1994-2000)

En 1971 Ernesto Zedillo se unió al PRI (como sabemos, Partido Revolucionario Institucional), que había gobernado México desde el año 1929. Zedillo había nacido en una familia de clase obrera de Mexicali, México. En 1965 vuelve a Ciudad de México para cursar estudios superiores en el Instituto Politécnico Nacional. Posteriormente cursa estudios en los Estados Unidos (USA) logrando un PHD (Philosophiae doctor, que designa al estudio y excelencia general de conocimientos y el amor por los mismos, según reza la etimología de la palabra) en Economía en la Universidad de Yale en el año 1981.

Al concluir sus estudios trabajó para el Banco Central de México y en la Secretaría de Programación y Presupuesto, pasando al puesto de Secretario en el año 1988. Uno de sus tempranos logros, dentro del equipo de la administración del país, fue el control de la gran deuda externa del país. También redujo la inflación del 160 por ciento, mencionado anteriormente, a menos del 8 por ciento en tan solo cinco años. Para el año de 1962 asume la secretaria de educación, en donde llegó a descentralizar el sistema de escuelas públicas, promueve que se realice la revisión de los textos escolares oficiales y, debido a su gestión, elevó la tasa de alfabetización.

Para el año 1993 asume la dirección de la campaña electoral del candidato presidencial del Luis Donaldo Colosio (PRI). Luego del asesinato de este candidato el 23 de marzo de 1994, Zedillo asume la candidatura presidencial de ese partido, resultando triunfador por un importante margen. Al asumir la presidencia de la República en 1994, se dedica a continuar con la política económica de Salinas de Gortari, lo que le hizo perder popularidad, por lo cual debe hacer un gran esfuerzo a fin de recuperar la confianza de las masas.

Al poco tiempo de asumir la primera magistratura nacional, Zedillo debió enfrentar una crisis económica que llevó a la devaluación del peso, con resultados muy negativos para la bolsa mexicana. De común acuerdo con el gobierno de los estados Unidos, estableció un plan para estabilizar la moneda, lo cual motivó una ligera mejora en la economía del país para la década de 1990.

Derechos Humanos

Una de las áreas más sensibles de la opinión pública para la época, era el tema de los derechos humanos. Zedillo aceptó que se habían producido violaciones de derechos humanos en la historia reciente de México. Sin embargo, su administración no llegó a desarrollar realmente una estrategia sistemática que permitiera responder y resolver de manera adecuada muchos de los casos de abuso, por lo que, en ese sentido, su mandato resultó decepcionante.

Más que una verdadera defensa de los derechos humanos, los afectados solo recibieron atención del gobierno si resultaban verse implicados en mayúsculos escándalos nacionales e internacionales, se asemejaba a una postura tibia, en la que se posicionaban en el lado ético, más bien por limpiar su imagen, en la que no se llegaban a tomar medidas reales. Violaciones de los derechos humanos tales como la tortura, los abusos militares, la violencia rural y los ataques contra observadores de derechos humanos y periodistas, se mantuvieron a lo largo de su gobierno de manera solapada e hipócrita.

En su cuarto año de gobierno fue acusado de serias violaciones de los derechos humanos en el estado de Chiapas, al sur del país. Se recuerda la masacre del 22 de diciembre de 1997 encabezada por civiles armados a favor del gobierno, que dejaron un saldo de cuarenta y cinco personas que murieron víctimas de una violencia atroz en la aldea de Acteal, del Municipio de Chenalhó.

Se estima que alrededor de unos sesenta civiles armados se organizaron la mañana del ataque y abrieron fuego, acabando con la vida de mujeres y niños. Gran parte de las víctimas no pertenecían a ninguna de las organizaciones políticas que se enfrentaron aquél fatídico día. Ni pertenecían al partido gobernante PRI ni eran simpatizantes del Ejército Zapatista de Liberación Nacional (EZLN), grupo guerrillero que había lanzado un levantamiento en Chiapas en enero de 1994. A pesar de que la violencia había sido expresada de igual forma por parte de ambos grupos en disputa, el gobierno había defendido repetidamente a los partidarios del PRI.

Narcotráfico

Al gobierno del presidente Ernesto Zedillo se le acusa de tener presuntos vínculos y complicidad con el narcotráfico, en concreto con la llamada Organización de los Hermanos

Amezcua, los reyes de la metanfetamina. Estas acusaciones se iniciaron en los años 1996 y 1997, al ser intervenidos los teléfonos de algunos jefes del Cártel de Colima, como es el caso de los hermanos Jesús, Luis y Adán Amezcua Contreras. Como consecuencia de estas escuchas, se pudo verificar que hubo conversaciones de los jefes de ese cártel con familiares cercanos de la familia política del presidente Zedillo (esposa, cuñados y suegro).

Luego de las investigaciones fue arrestado el general Jesús Gutiérrez Rebollo, quien reveló tener pruebas de la relación delictiva entre la familia política del presidente y los hermanos Amezcua Contreras. No obstante, estas acusaciones fueron descartadas por la PGR, (la Procuraduría General de la República), que fue una de las instituciones que integraban el denominado gabinete legal del Presidente de México y por la Secretaría de la Defensa Nacional, incluso después de tener conocimientos directos de estas grabaciones telefónicas, algo que para muchos ciudadanos es muy difícil de explicar.

Corrupción

Dentro de las múltiples acusaciones de corrupción que se presentaban durante la administración del presidente Zedillo, destacan el gran robo del Fobaproa-IPAB, el negocio de venta de ferrocarriles. Los contratos dados a las empresas Intecom, propiedad de su propia familia, y las famosas condonaciones de impuestos dada a sus hermanos por el Servicio de Administración tributaria y hasta la Secretaría de Hacienda, fuero el colmo de un rosario de malas acciones que señalaron al gobierno del país como corrupto de una forma indudable.

Reformas

Finalmente, es importante señalar que el presidente Zedillo implementó algunas reformas destinadas a combatir la corrupción política y garantizar elecciones más libres y transparentes. Eliminó la vieja tradición de postularse para la reelección y sorprendió a muchos en 1999 cuando anunció que su partido, el PRI, celebraría una primaria presidencial por primera vez en su historia. Aunque para muchos estas elecciones primarias fueron amañadas. El candidato seleccionado fue Francisco Labastida, quien fuera derrotado en las elecciones presidenciales del año 2000 por Vicente Fox del

PAN (Partido de Acción Nacional). Con la culminación del gobierno de Zedillo se terminó le hegemonía del PRI, que había durado la impresionante cantidad de 71 años en México.

CAPÍTULO III

Vicente Fox, de la Coca-Cola a la presidencia de la República

Vicente Fox asumió la presidencia de México en el año 2000. Las mayores prioridades que llevó a cabo como presidente fueron: la mejora de la economía, esencialmente a través del perfeccionamiento de las relaciones comerciales con los Estados Unidos de América, reformas bancarias y el combate frontal del crimen y la corrupción. Concretamente la mayor cooperación bilateral con el país del norte, Estados Unidos, se desarrollada específicamente en materia de persecución del narcotráfico, así como también en el control de la inmigración ilegal y en el fortalecimiento y protección de los derechos de los indígenas mexicanos.

De los negocios a la política

Fox había comenzado su carrera en el mundo de los negocios, luego de lograr su título en Administración de Empresas en la Universidad Iberoamericana de la Ciudad de México y de la Universidad de Harvard Business School. Había trabajado para *Coca-Cola Company* de México, en la cual ejerció el cargo de director general del año 1975 al año 1979. Convencido de que México necesitaba un nuevo liderazgo mientras la economía del país luchaba en la década de 1980, Fox se volvió hacia la política y se unió al Partido Acción Nacional (PAN) en 1987. Estaba totalmente convencido de la necesidad que tenía su país de nuevos liderazgos.

Fue electo diputado de cámara nacional en el año 1988. Ya para el año 1995 era gobernador de Guanajuato, desde donde fue un ferviente promotor de la eficacia y transparencia en el ejercicio de los cargos del gobierno. Impulsó la consolidación de pequeñas y medianas empresas. También promovió la venta y exportación de bienes manufacturados en Guanajuato, para lo cual creó un sistema financiero con el que se otorgaron microcréditos sin cartera de vencimiento. Durante la gobernación de Vicente Fox, este Estado se convirtió en la quinta economía estatal más importante del país.

Para el año 2000, Fox fue postulado como candidato presidencial en una plataforma enfocada en acabar la corrupción gubernamental y mejorar y dinamizar la economía. En las elecciones derrotó sin dificultad al candidato del PRI, Francisco Labastida Ochoa, y el 1 de diciembre de 2000 sucedió a Ernesto Zedillo como presidente de la república. Esta es la primera vez en la historia política de México que un gobierno en ejercicio entrega, de manera pacífica, el poder a un miembro electo de la oposición.

Prioridades presidenciales

Vicente Fox centró sus primeros esfuerzos en mejorar las relaciones comerciales con Estados Unidos, sofocar los disturbios civiles en zonas de conflicto como Chiapas y disminuir la corrupción, el crimen y el narcotráfico. En el año 2001, su gobierno propuso e introdujo reformas constitucionales para ayudar a fortalecer los derechos de los pueblos indígenas. Estas reformas fueron ratificadas por el número necesario de estados mexicanos, mientras que otros siete estados, incluido Chiapas, donde vive más de la mitad de la población indígena, las rechazó.

Los activistas y líderes de la defensa de los derechos indígenas, estuvieron en contra a las enmiendas que exigían a los pueblos indígenas actuar de conformidad con la constitución y que disminuían su autonomía en ciertos ámbitos. Los líderes del Ejército Zapatista de Liberación Nacional en Chiapas —que habían hecho de la reforma constitucional un requisito indispensable para regresar a las negociaciones de paz— también estuvieron en desacuerdo con la nueva ley.

Medidas económicas

En materia económica, las medias de Vicente Fox, específicamente sus planes de incrementar los impuestos como parte de reformas radicales para estabilizar la economía y el sistema bancario mexicanos, tuvieron una gran resistencia en la cámara mexicana, donde el PAN no tenía la mayoría necesaria para la aprobación de dichas propuestas.

Corrupción

Fox, que no estuvo involucrado en ningún escándalo financiero como presidente, gozó de buen prestigio y dio la impresión general de poner fin a 71 años de gobiernos corruptos. Aunque después de terminado su mandato, fue investigado por una Comisión del Congreso debido a la renovación de su rancho. Igualmente, fue duramente criticado luego de que un diario nacional asegurara que un empresario le hubo regalado a su esposa, un Jeep Wrangler al principio de su mandato.

También se rumoreaba con insistencia sobre el uso personal y arbitrario de un vehículo Hummer no registrado a su nombre y que, supuestamente, una empresa de automóviles había "prestado" gratuitamente a su guardia presidencial. Fox fue forzado a devolver el vehículo luego de que el presidente Felipe Calderón, su sucesor y ex-ministro de Energía, ordenara el fin de tales arreglos.

Supuesta vinculación con el narcotráfico

La administración del ex presidente Fox, de acuerdo a algunas fuentes, estuvo supuestamente vinculada con el tráfico de drogas. Específicamente en el año 2001, cuando "El Chapo" Guzmán escapó de la cárcel de Puente Grande en Jalisco. Desde ese momento, se dieron acusaciones en contra de su administración referente a la supuesta complicidad en la fuga del famoso narcotraficante. Más recientemente, en el juicio contra "El Chapo" Guzmán en estados Unidos, uno de los testigos declaró acerca de la vinculación de Fox y otros expresidentes de México con el tráfico de drogas.

En esa oportunidad, Alex Cifuentes, un traficante de drogas de origen colombiano, hizo varias declaraciones escandalosas, alguna de ellas sobre varios sobornos del Chapo al expresidente Enrique Peña Nieto, por alrededor de unos 100 millones de dólares y también, acerca de que el narcotraficante habría sobornado con millones de dólares tanto a Felipe Calderón como a Vicente Fox. Este último negó todas estas acusaciones, pero las denuncias han escandalizado y de alguna manera empañado el prestigio de un político que prometió a comienzos del nuevo milenio terminar con la corrupción que reinó durante 71 años de gobierno del PRI.

Quizás una de las críticas más válidas hechas al hoy en día expresidente mexicano, sea el hecho de no haber cumplido su promesa de un rápido crecimiento económico durante su mandato, mientras que otros expresan que fue el precio por permanecer demasiado tiempo en el centro de atención. En el año 2006 Fox dejó el cargo, pero ha manteniendo aún un alto perfil empresarial a nivel internacional. Fue sucedido por Felipe Calderón del PAN.

CAPÍTULO IV

Felipe Calderón Hinojosa (2006-2012)

Nacido en Morelia, estado de Michoacán, México, el 18 de agosto de 1962. Es Licenciado en Derecho, Magíster en Economía del Instituto Tecnológico Autónomo de México, y tiene una Maestría en Administración Pública de la Escuela de Gobierno *John F. Kennedy* de la Universidad de Harvard. Del año 2014 al 2015 fue miembro inaugural de *Angelopoulos Global Public Leaders Fellow en la Kennedy School.*

A la temprana edad de veinte años ingresó a la política, desempeñando un cargo como presidente del movimiento juvenil del Partido Acción Nacional (PAN). Antes de asumir el gobierno mexicano, Calderón fue Secretario de Energía y Director General de BANOBRAS (Banco de Obras Públicas e Infraestructura). Electo para el Congreso Federal en 1991, fue nombrado como Secretario del Partido Acción Nacional.

Ejerció la presidencia del país desde el año 2006 al año 2012. Una característica importante de su gestión fue su preocupación por el estado de derecho y la seguridad pública.

Intentó orientarse hacia convertir la economía en competitiva y generadora de empleo, en busca de la igualdad de condiciones y del desarrollo sustentable. Entre otros logros que realiza durante su periodo de administración, destacan las reformas para dinamizar y modernizar la economía en áreas estratégicas como las políticas fiscales, pensiones públicas, el sector energético y la atención médica popular.

Igualmente hace realidad un programa de infraestructura, quizás el más ambicioso en la historia de México, elevando la inversión anual del 3 al 5 por ciento del Producto Interno Bruto, para dedicarlo a esta empresa. Durante su periodo presidencial, el país se posicionó como líder mundial en la lucha contra el cambio climático. También en el transcurso de su mandato mostró una fuerte decisión de guerra a los cárteles de la droga en el país. Debido a esta lucha, se calcula que unas 700 mil personas murieron como consecuencia de la violencia. Sin embargo, en ese mismo periodo, aumentó el número de cárteles del narcotráfico, con lo cual esta es considerada como una guerra fallida al considerar los resultados.

CAPÍTULO V

Enrique Peña Nieto (2012-2018)

Enrique Peña Nieto nació 20 de julio de 1966 en Atlacomulco, México. Fue político del Partido Revolucionario Institucional (PRI), y se desempeñó como presidente de México entre los años 2012 y 2018. Antes de convertirse en presidente, se desempeñó como gobernador del estado de México los años de 2005 a 2011. Peña Nieto se unió al PRI, el antiguo partido gobernante de México, en 1984. De forma rápida avanzó dentro del partido y se volvió activo en la política estatal de México, ocupando cargos como Secretario de Administración (de 2000 a 2002) y diputado estatal (de 2003 a 2004). Se postuló con éxito para el cargo de Gobernador del estado de México en 2005 y lo ocupó hasta 2011.

Como gobernador, Peña Nieto basó su agenda en más de 600 promesas públicas que hizo con sus electores. Continuó con esta práctica mientras hacía campaña para la presidencia, promocionando más de 250 compromisos que cumpliría si se convirtiera en presidente. Se comprometió a mejorar la economía del país, prometió combatir el crimen violento generalizado relacionado con las drogas, y todos estos temas, como era de suponer, resonaron entre los votantes.

Su apariencia juvenil y su frecuente asociación con celebridades, sirvieron para aumentar su atractivo popular. Sin embargo, lo acosaron las afirmaciones de que las principales estaciones de televisión de México, en particular Televisa, estaban sesgadas en su cobertura de él. Como presidente electo, Peña Nieto prometió que habría transparencia en su gobierno y que nombraría una comisión anticorrupción. Reiteró sus promesas de campaña de trabajar para mejorar la economía y enfocar recursos para combatir los sindicatos del crimen organizado que aterrorizaban a los ciudadanos mexicanos.

A la luz del historial del PRI de hacer supuestos tratos sucios con los cárteles de la droga, Peña Nieto prometió explícitamente no hacer lo mismo. Dado que el PRI no obtuvo una mayoría absoluta en la legislatura, quedaba por ver con qué facilidad podría implementar sus proyectos. Poco después de su toma de posesión, anunció un "Pacto por México" que se unió al PRI, el PAN y el PRD, en apoyo de una agenda de reforma de políticas de 95 puntos.   Muchos miembros del PAN y del PRD no estaban contentos con la decisión de sus líderes de colaborar con el PRI, sin embargo, el acuerdo llevó a la aprobación por parte del Congreso de una serie de importantes iniciativas que afectaban la política fiscal, la educación pública y los sectores de energía y telecomunicaciones.

En particular, Peña Nieto buscó atraer inversiones de compañías petroleras extranjeras para revitalizar la industria de petróleo y gas en declive del país, y en diciembre de 2013 el Congreso enmendó los artículos de la constitución que le otorgaban a PEMEX, la compañía petrolera nacional, el control exclusivo sobre la exploración, producción, refinación, almacenamiento y distribución de petróleo, gas natural y petroquímicos básicos.

En febrero de 2014, los marines de la Armada mexicana cumplieron la promesa de Peña Nieto de combatir agresivamente el crimen organizado, cuando capturaron a Joaquín Guzmán Loera, alias "El Chapo", reconocido narcotraficante. Los fiscales de México han abierto una investigación por corrupción contra el expresidente Enrique Peña Nieto que se produce después de que Emilio Lozoya, el ex-jefe de la empresa estatal de energía, lo acusó de aceptar millones de dólares en sobornos y de sobornar a parlamentarios.

Lozoya fue extraditado de España para ser juzgado por cargos de corrupción vinculados al gigante brasileño de la construcción Odebrecht. Se comentó con mucha insistencia que El Chapo pagó 100 millones de dólares americanos como soborno al expresidente mexicano Peña Nieto. Un testigo indicó, en un juicio en Estados Unidos contra el capo del cartel de la droga de México, Joaquín "El Chapo" Guzmán, que Peña Nieto había aceptado un soborno de 100 millones de dólares del narcotraficante.

El Fiscal General mexicano, Alejandro Gertz, consideró el testimonio lo suficientemente importante como para haber iniciado una investigación sobre el asunto. En el pasado, ningún expresidente de México fue a la cárcel a pesar de que los sucesivos gobiernos se vieron afectados por la corrupción generalizada. Después de dejar la presidencia mexicana en diciembre de 2018, Enrique Peña Nieto ha estado pasando por un buen momento. Después de su divorcio con Angélica Rivera, la estrella de la telenovela que se quedó a su lado el tiempo suficiente para que él completara su mandato, Peña Nieto ha estado paseando por el mundo junto a una nueva novia, con avistamientos en España, Bélgica y un episodio anecdótico en un restaurante de Nueva York, donde la pareja se disfrazó para evitar ser identificados.

Veamos cómo queda el orden de los acontecimientos una vez concluida la administración de Enrique Peña Nieto. En primer lugar, el ex-director de la petrolera estatal PEMEX durante los años del expresidente Peña, Emilio Lozoya, ha sido extraditado de España para enfrentar cargos de fraude, cohecho y operaciones con fondos ilícitos que involucran a la infame empresa brasileña Odebrecht, el gigante de la construcción involucrado en sobornos y escándalos en toda América Latina.

En segundo lugar, el exgobernador de Chihuahua, César Duarte, fue arrestado en Florida y enfrenta cargos de extradición por canalizar dinero estatal hacia campañas electorales del PRI. En tercer lugar, han surgido nuevas revelaciones en torno a la desaparición de cuarenta y tres estudiantes del Colegio de Maestros Rurales de Ayotzinapa. Todo lo anterior expuesto, refuta sobradamente la versión de hechos sostenida por la administración de Peña Nieto y su partido.

CAPÍTULO VI

Andrés López Orador (2018-…)

Andrés Manuel López Obrador nació en Villa de Tepetitán, Tabasco, México, un 13 de noviembre de 1953, en un núcleo familiar de clase media. Desde el año 1972 al año1976 estudia Ciencias Políticas y Administración Pública en la Universidad Nacional Autónoma de México. Desarrolla su trayectoria política en el Partido Revolucionario Institucional (PRI). En el camino llegó a ser en presidente del partido del estado de Tabasco en 1983. Sin embargo, dejó esa organización política para apoyar la candidatura disidente de Cuauhtémoc Cárdenas en el año de 1988.

En los años de 1990, López Obrador fue formando una reputación nacional por la organización de protestas contra el daño ambiental en el estado de Tabasco, producido por la estatal Petróleos Mexicanos (PEMEX) y también por el fraude electoral cometido por el PRI. Del año 1996 al 1999, se desempeñó como presidente nacional del PRD, cargo que utilizó tanto para promover la organización de partidos de base, como para captar a destacados miembros del PRI como candidatos a alcalde y gobernadores del PRD.

En el año 2000 fue electo jefe de gobierno del Distrito Federal, cargo que ocupó hasta julio de 2005, cuando renunció a él para buscar la nominación presidencial del PRD. Como jefe de gobierno de la ciudad de México, López Obrador compiló una gestión relativamente exitosa. Bajo el lema: "Por el bien de todos, los pobres primero", creó una serie de proyectos sociales y culturales innovadores, que abarcaron pensiones de vejez, apoyo financiero para madres solteras y desempleados, inversiones sustanciales en remodelación urbana e infraestructura de transporte, y programas de extensión educativa, que le valieron gran popularidad.

Sin embargo, su historial se vio empañado por grandes escándalos de corrupción que involucraron a varios subordinados cercanos, mientras que la seguridad pública siguió siendo un reto importante. En mayo de 2004 fue acusado de desafiar una orden judicial, al autorizar la construcción de un camino de acceso al hospital a través de una propiedad privada. Por esta razón, el Fiscal General Federal inició un juicio político en su contra.

Mientras que el presidente para ese entonces, Vicente Fox, argumentó que su administración solo buscaba defender el estado de derecho, para la mayoría de los ciudadanos del país, y creo que también del extranjero, atribuían que el motivo subyacente era una maniobra urdida para descalificar a López Obrador como candidato presidencial.

Luego que cerca de un millón de manifestantes marcharon por el centro de la Ciudad en abril de 2005, el presidente Fox finalmente puso fin a la prolongada confrontación al retirar el cargo de juicio político.

Para esa época las encuestas ubicaban a López Obrador muy por delante del protegido de Fox, Felipe Calderón, pero, para la fecha de las elecciones presidenciales en julio de 2006, esa aceptación nacional se vio afectada por una fuerte campaña mediática de Calderón. Calderón resultó ganador por solo un 0,56 por ciento de diferencia. Casi de inmediato, miles de sus seguidores salieron a las calles a manifestar el fraude y exigir un recuento. Sin embargo, un recuento parcial no cambió los resultados y Calderón fue oficialmente declarado presidente electo.

En el año 2012 López Obrador volvió a presentarse como candidato presidencial del PRD. Esta vez quedó en los escrutinios segundo, detrás de Enrique Peña Nieto del PRI. López Obrador denunció violaciones de la ley electoral por parte del PRI, incluido el gasto excesivo en la campaña y la compra de votos. Sin embargo, luego de un recuento de más de la mitad de los sitios de votación de México, confirmaron el triunfo de Peña Nieto.

En el año 2014 López Obrador funda un nuevo partido político, el Movimiento Regeneración Nacional (MORENA). Las elecciones del año 2018 fueron las más extensas en la historia política mexicana. No solo se estaba eligiendo un nuevo presidente y ocupando los escaños del Senado y la Cámara de Diputados, sino que también estaban en juego otras 2.800 oficinas estatales y locales, incluidas nueve gobernaciones.

Los principales candidatos a la presidencia fueron Ricardo Anaya Cortés del PAN, José Antonio Meade Kuribreña, el candidato tecnocrático del PRI, el independiente Jaime Rodríguez Calderón y López Obrador, esta vez bajo la bandera del Movimiento Regeneración Nacional (MORENA). López Orador ganó la presidencia de la república y dio un giro dramático hacia la izquierda, al lograr una aplastante victoria, ganando 31 de 32 estados para formar el primer gobierno de izquierda en la historia de la democracia mexicana.

Logró cerca del 53 `por ciento de los votos, lo cual estuvo influenciado por haber enfatizado la lucha contra la corrupción, pero también había continuado su enfoque tradicional en reducir la brecha entre ricos y pobres en México y por mejorar la calidad de vida de los más desposeídos. En los primeros meses de su mandato su popularidad se mantenía intacta, aunque luego empezó a descender debido a la ausencia de resultados concretos de sus políticas.

El presidente mexicano ha expresado su deseo de pedir una consulta pública para que los exmandatarios sean juzgados de acuerdo a lo que está estipulado en la ley. El Presidente ha insistido en que el asunto reviste la suficiente importancia como para que los ciudadanos decidan sobre ello en una consulta popular. Lo extraño, es que casi al mismo tiempo su partido (MORENA) lleva al Congreso una propuesta de ley de amnistía para los ex-presidentes de México.

Mientras tanto, al presidente le ha tocado administrar al país durante la peor pandemia que se conozca históricamente desde la fatídica llamada "Gripe Española" de los años 1918 a 1920. Esta crisis sanitaria ha dejado cerca, hasta el momento de escribir este libro, más de 72 mil víctimas, superando ampliamente los pronósticos de escenarios pesimistas del propio gobierno. Por otro lado, el problema de la inseguridad ha dejado unos 60 mil asesinatos en menos de dos años, peor que en los sangrientos periodos presidenciales de Calderón y Peña Nieto.

Los pronósticos sobre la economía indican que caerá alrededor del 10 por ciento este año. El cacareado combate contra la corrupción ha decepcionado desde que apareció un video donde está el hermano del presidente recibiendo paquetes de dinero, y después de que fuese exonerado al día siguiente. La propuesta de la participación popular para decidir o no el enjuiciamiento de los expresidentes no tienen precedentes históricos y ha despertado grandes expectativas en el país, lo que ha motivado, entre otras cosas, este análisis que está leyendo, querido lector.

CAPÍTULO VII

Conclusión: México Contemporáneo

Se puede concluir de todo lo que hemos expuesto y relatado en las páginas anteriores, que el país Azteca ha sido objeto de abusos en un alto grado. Cada uno de los mandatarios que han ejercido la presidencia de la nación, ha dejado ingratas huellas a su paso, puesto que los mismos han venido despojando gradualmente al país mexicano. Y no solo eso, a lo largo de los años, han hecho cada vez más vulnerables a los ciudadanos más desafortunados.

Para tal fin se han valido de artimañas reñidas con la ética, cuidadosa y meticulosamente seleccionadas. Han optado por distraer al pueblo mexicano utilizando medios que, lastimosamente, se han hecho tradicionales, valiéndose de la inocencia de los más desfavorecidos, con menos medios y menos alcance para su desarrollo y evolución, manipulándolos para lograr sus objetivos sin siquiera importarles la condición de vida en que se encuentran, ya que solo pareciera interesarles su beneficio propio, y siempre a costa del pueblo.

El gran índice de pobreza que se vive a lo largo y ancho de la Raza de Azteca, ha sido generado por la avaricia desmedida de aquellos funcionarios que juraron servir a la nación mexicana. Los actos de impunidad que se han dado a lo largo de los años, perpetrados por los funcionarios que vendría a representar a la nación, provoca la inestabilidad económica del país y, por supuesto, la gran inseguridad que se vive en la totalidad del país.

Es obvio que por décadas se han suscitado diferentes tipos de anomalías perpetradas por los poderosos, quienes, con tal de sacar la mejor ventaja, creyéndose los amos y reyes del país hasta tal grado de actuar como si fueran los dueños del mismo, no han dudado en saltar por encima de las leyes, de los derechos humanos y de la misma decencia, bajo la fachada de pretender que están a la cabeza de la nación por voluntad libre y soberana de los ciudadanos.

En los periodos de gobiernos aquí analizados, se ha institucionalizado la corrupción, se ha sido cómplice del narcotráfico, se han violado los derechos humanos y hasta podríamos decir que la inseguridad que hoy reina en todo el país es, en parte, producto de sus malas políticas. Es de mucha relevancia que el ciudadano común no olvide la trayectoria de cada uno de los expresidentes, cuáles fueron sus actos y dónde fue que fallaron al país y a los ciudadanos, para que no se cometan los mismos errores de nuevo, ya que esos traspiés han sumido y mantenido a la nación en pobreza extrema.

Pero, sobre todo, debemos rechazar enérgicamente sus actos reprobables, a tal grado incluso de proponer que sean expulsados del ámbito político de una manera definitiva, pues solo cuando nos hallemos libres de todo ese lastre podremos avanzar como nación. En esta era neo-liberal ha habido de todo. Uno de los aspectos que más ha afectado en los índices de desarrollo del país, ha sido el mal manejo político y económico y no podíamos pasar por alto la flamante vida del expresidente de la Madrid, el cual entregó un país en decadencia con gran índice de economía devaluada. Lo único que hizo bueno en su periodo presidencial de seis años, fue aceptar la sobrevaluación del peso mexicano, ya que el ingreso había caído un 40 por ciento, la inflación había llegado al 160 por ciento anual a causa de la privatización y la contracción económica fue elevadísima.

La expectativa del pueblo fue inmensamente enorme con la victoria de Salinas de Gortari, egresado de Harvard, con un currículum envidiable para muchos en esa época. Se pensó que él sería el indicado para guiar a la nación después de la gran catástrofe en el país que dejara de La Madrid. Los ojos de todos los mexicanos se volvían a tan distinguido personaje, ya que la sociedad esperaba con agrado y mucha expectativa la toma de posesión presidencial, en una nación quebradiza, maltrecha y a punto de ser desmoronada.

Con sus antecedentes resultaba tremendamente prometedor. Muchos estaban seguros de que sería el indicado para sacar al pueblo del bache en donde se encontraba. Y no era para menos, ya que el déficit estaba por los suelos y se podía decir, a todas luces, que él parecía ser el más indicado para llevar al país a otro nivel. Hasta se llegó a especular que él podría llevar a la nación Azteca a competir con las naciones más poderosas del mundo y aspirar así a posicionarse incluso en la cúspide del primer mundo. Pero no todo es como en las novelas televisivas, que por más problemas que surjan y más vicisitudes que se planteen, siempre terminan con un final feliz, las cuales parecen ser utilizadas para absorber el cerebro a los más incautos con sus historias, para mantenerlos distraídos y poder saquear a la nación sin que nadie se percate.

El hombre más culto que hubiese estado a la cabeza de la administración del país alguna vez, se podía decir, estaba por darle el tiro de gracia a la que sería su nación sin ni siquiera tener el más mínimo remordimiento. Pero no vamos a alargarnos más en este asunto, porque ya muchos saben que ha sido uno de los peores presidentes que hayan guiado a la nación y que ha sido el más despiadado al hacer las cosas solo a su conveniencia, a tal grado, que muchos de los compatriotas mexicanos tuvieron que salir del país por la escasez de oportunidades y de recursos.

Para el momento en que Salinas es sustituido por Ernesto Zedillo, la economía del país estaba por el suelo, lo que dio pie a que en los primeros tiempos del entonces nuevo presidente se viviera una gran crisis económica. Tan grande, que hasta la fecha todavía se pueden ver las secuelas en la economía y en la vida de todos aquellos que tuvieron que salir del país a causa de las pocas oportunidades que se daban entonces. Se podría decir que aquí es en donde comienza a apreciarse "la punta del iceberg". Donde se vería el gran robo de Fobaproa y sobre todo, las ventas de ferrocarriles, diciéndolo coloquialmente, sería Zedillo quien mostrará la condonación de impuestos, entre otras cosas.

Al concluir Zedillo su mandato, los ojos del pueblo se volvían a los excandidatos más prometedores, Labastida y Fox. Lo que hizo que la gente, cansada de tanta basura de dirigentes del PRI, inclinara la balanza a favor del lado contrario, por el partido PAN, quedando favorecido Vicente Fox Quezada y dándose fin a un periodo de saqueo del país que duró más de 70 años.

El pueblo estaba a la expectativa de cómo se manejaría la nueva administración, y toda la esperanza caía en ese mandatario. No era para menos, ya que la preparación académica que tenía dicho expresidente, era virtuosa y nuevamente se crearía la esperanza en el rumbo que tomaría el país. Era lógico, pues había derrotado al partido más poderoso y, sobre todo, al que más daño le había hecho a México.

De nuevo el ciudadano, de todos los estratos sociales, tenía la ilusión de que este mandatario guiaría a la nación por el lado más prometedor, que daría un nuevo giro al liderazgo. Se especulaba que los anteriores dirigentes estaban amañados y que jamás podrían dejar atrás sus tan arraigadas malas costumbres. El entonces nuevo presidente parecía ser harina de otro costal, así que a muchos les parecía que este sería el comienzo de una nueva etapa y, por lo que se podía observar, tan reconocido hombre llenaba la expectativa de la multitud.

Por un lado, tenía todas las intenciones de hacer lo mejor por su país y por otro lado, su trayectoria en el Estado de Guanajuato, al incluir a este estado en la quinta Economía Estatal más importante del País, lo hacía parecer casi como un héroe de las finanzas. Se podría decir y creo que sin temor a equivocarme, que esos fueron los puntos principales para derrotar a Francisco Labastida Ochoa, tanto la trayectoria de Fox como la realidad de que el pueblo estaba cansado de tanta corrupción.

Pese a lo que se diga de Fox por sus acciones poco claras y aprovechamientos personales, hay que reconocer que hizo algunas cosas satisfactorias para la nación, como el abogar por los pueblos indígenas. Sin embargo, tuvo una piedra en el zapato con los activistas y líderes de los grupos de defensa de derechos indígenas. Estos grupos, para no acatar el nuevo reglamento en la constitución, se enfrentaban y hacían una oposición que no permitía que el partido del PAN avanzara en este tema. Los contrincantes eran mayoría y, al no contar con los votos necesarios para la aprobación de dichas propuestas económicas, no tuvo el éxito que se requería.

En realidad, la administración Fox fue empañada por medios mediocres que solo eran mera especulación en muchas ocasiones, sin siquiera haber hecho un estudio profundo de su administración, dejando en entredicho su reputación y ensuciando la imagen pública que pudiera él mostrar ante la sociedad. Le llovían acusaciones de malos actos y decisiones ilícitas, sin que se pudiera demostrar que eran ciertas. Hasta bastante tiempo después de su entrega de mandato, no se le vincula con actos al margen de lo legal y de lo honroso. Se crea un dilema, ya que se pueden adoptar dos perspectivas en esta ocasión: o es verdaderamente inocente, o la justicia en México no es independiente a la administración del estado y, por esa razón, resulta incompetente.

Con la venida del nuevo mandatario en diciembre de 2006 por medio del PAN, se daría inicio a la consolidación de dicho partido, dejándolo más fortalecido y sobre todo, sacando de su jugada al partido que por años había gobernado a la nación mexicana. Al pasar el testigo Fox a Felipe Calderón Hinojosa como nuevo mandatario de la nación, una gran parte de los ciudadanos pensaron que era un rotundo fracaso para el partido tricolor.

Felipe Calderón, al tomar posesión de la nación el año 2006, recibió, al igual que todos los anteriores (en esto no se escapa ninguno), una nación cayéndose a pedazos por las malas administraciones pasadas. Aun así, la esperanza de la sociedad no decaía. Dentro de ellos existía una chispa, un pensamiento positivo de que dicho partido hiciera lo correcto, aunque solo fuera por el compromiso de cumplir para poder mantener el poder.

A pesar de la preparación de este mandatario, que sería el segundo candidato en la historia de México del partido del

PAN, se esperaba que fuera el más duro y, sobre todo, el más sangriento en la historia de la nación. Desde un principio, absolutamente todo se veía turbio ya que, de entrada, se le acusaba de haber manipulado las elecciones, desplazando a su contrincante más importante en esa contienda, lo que motivó al Licenciado Andrés Manuel López Obrador, una vez que se percató de tal fraude, a convocar a una resistencia civil pacífica para mostrar su disconformidad.

En esa época se estaba viviendo una de las peores crisis de seguridad heredada de los mandatarios anteriores, por lo cual su decisión fue que los enfrentaría, a días de ser embestido a la presidencia, sin siquiera tener un plan a seguir. Decide enfrentar los hechos y a la oposición frontalmente, lo que traería como consecuencia el incremento a gran escala de la inseguridad, y generaría que los carteles del narcotráfico no se atrincheraran, sino que por el contrario, se extendieran a lo largo y ancho del país robando la tranquilidad de los ciudadanos.

Pero no todo podía ser caótico en su sexenio. Se pudo ver una inflación muy baja y, sobre todo, la estabilidad de la deuda pública. En el año 2012 la cuenta pública se mostraba con cierto equilibrio, lo que se atribuyó a la Auditoría superior de la Federación, lo cual estaría trayendo como consecuencia un

PIB muy favorable del 1.9. A pesar de esta mejora económica para el país es mucho lo que se especula sobre este personaje, ya que después de su mandato sigue dando mucho de qué hablar, pues ni siquiera tuvo la cordura de retirarse con honestidad.

Según está estipulado en el artículo 128 de la Carta Magna: "todo funcionario público, sin excepción alguna, antes de tomar posesión de su cargo, prestará la protesta de guardar la constitución y las leyes que en ella emanen". Y si esto no fuera así, la nación estaría en su derecho de demandarlos, para que inmediatamente los ciudadanos pidan la revocación de su cargo sin demora alguna. Ya que, al momento de violar dicho artículo, estaría incumpliendo su deber con los Estado Unidos Mexicanos, lo cual lo incapacitaría para ejercer dicho cargo como representante.

López Obrador ganó la presidencia de la república y dio un giro dramático hacia la izquierda, siendo el "parte aguas" de lo que estaba por suceder al lograr una aplastante victoria. Ganó en 31 de los 32 estados, y pasó a formar el primer gobierno de izquierda en la historia de la democracia mexicana. En los primeros meses de su mandato su popularidad se mantenía intacta, aunque luego empezó a descender debido a la ausencia de resultados concretos de sus políticas. Se encontraba en gran parte, lo que era por otro lado lo más lógico, enfrentado con diferentes miembros de otros partidos, y eso hacía que se le dificultara gobernar con eficacia. Muchos estaban sirviendo de contrapeso con tal de frenar su popularidad.

El primer mandatario mexicano ha expresado su deseo de pedir una consulta pública para que los expresidentes sean juzgados. Se ha insistido en que los ciudadanos deben decidir en una consulta popular sobre este tema. Lo extraño es que casi al mismo tiempo, su partido (MORENA) lleva al Congreso una propuesta de ley de amnistía para los expresidentes de México. En realidad, no se puede entender con qué finalidad lo harán.

Mientras tanto, al presidente le ha tocado administrar al país durante lo que tal vez sea la peor pandemia que se conozca históricamente. Por el momento ha dejado cerca de 72 mil víctimas, a pesar de todos los esfuerzos que se llevaron a cabo, y a pesar de tener la mejor gente capacitada para que los auxiliaran en la sanidad. El problema de la inseguridad continúa a causa de los remanentes de los sexenios pasados, lo cual ha dejado unos 60 mil asesinatos en menos de dos años.

Los pronósticos sobre la economía no son muy favorables a la luz de las nuevas políticas, según se especula con la intención de manchar la imagen del nuevo mandatario. En su desesperación se atreven a indicar que caerá 10 por ciento en este año. El cacareado combate contra la corrupción ha decepcionado desde que la oposición filtrara un video en el que se ve al hermano del presidente recibiendo paquetes de dinero, y éste fue exonerado al día siguiente por, presuntamente, carecer el documento filmado de veracidad.

Por primera vez en la historia de México la sociedad está pendiente de lo que pasa, ya que el mandatario actual ha decidido ser transparente en el ámbito de informar de todos los asuntos pasados y presentes de la administración, lo cual estaría afectando a aquellos que se creían dueños de la nación, por lo que se masca el ambiente denso, como si se hubiese declarado la guerra entre ambos bandos y ninguno quisiera retroceder en lo absoluto.

La oposición, en su desesperación, se ha valido de diferentes artimañas en un intento de ganar la simpatía de la sociedad. Quieren utilizar la mediocridad de la farándula con tal de ganar partidarios, pero no creo en absoluto que consigan tener el resultado deseado, ya que las nuevas generaciones no se dejan endulzar el oído con propaganda obsoleta, pues han acuñado el dilema "cada nación tiene el gobernante que se merece" y estas nuevas generaciones están mucho mejor preparadas y merecen algo mejor. La capacidad del nuevo votante es tal, que se deja enganchar con medios mediocres que se alimentan del erario público, por esa razón están desenfrenados en su desesperación de no ser escuchados, optando por atacar a ciegas y sin pruebas el nuevo régimen sin ningún éxito.

Por lo que se puede analizar, es de suma importancia que la sociedad no viva en el pasado, no estar dando vueltas a qué exmandatario fue el que hizo más daño a la nación sino al contrario, se debería pasar página y continuar hacia adelante, aunque sin olvidar a aquellos que en su afán de avaricia no les importó destruir a su país, para que sean vetados de por vida del ámbito público. No importa qué partido asuma el poder, lo que realmente es de suma importancia, es poder tener tranquilidad como ciudadanos que queremos lo mejor para nuestra nación y para nuestra descendencia, por eso he querido analizar con mucho cuidado todo este panorama político y económico, para poder hacer una reflexión de lo que está por venir. Si olvidáramos el pasado y todo lo que han hecho a nuestra nación, estamos propensos a fracasar y la única alternativa que se me ocurre, sería hacer en las leyes unas modificaciones que veremos a continuación.

La historia política contemporánea de México debe llevarnos a una profunda reflexión. Los resultados han sido malos y no se vislumbran mejores gestiones. De ahí que haga propuesta de una serie de medidas preventivas y represivas tendentes a garantizar un Estado de Derecho donde la corrupción sea castigada y penada con justicia plena y equidad, y sean respetados los derechos humanos. En función de ello, presentó una serie de propuestas que deben ser llevadas a la consideración de nuestro pueblo y finalmente a las instituciones legislativas.

PROPUESTAS LEGISLATIVAS

ENMIENDA CON PROYECTO DE REFORMA CONSTITUCIONAL ANTICORRUPCIÓN, DEL CÓDIGO PENAL FEDERAL
TÍTULO DÉCIMO, CAPÍTULO IV, ARTÍCULO 218.

SEÑOR PRESIDENTE DE LOS ESTADOS UNIDOS MEXICANOS

PRESENTE

Quien suscribe, Licenciado Octavio Aguilar Bejarano, como ciudadano mexicano me queda muy clara la obligación de todos los habitantes de país, de defender siempre la supremacía intacta del Constitucionalismo, por lo que considero que el Estado constitucional se basa en la libertad plena y absoluta, la justicia, la seguridad, la equidad, el respeto por la dignidad y el laicismo de las instituciones y el estado de derecho mismo. Por lo tanto, con fundamento en lo dispuesto en la Constitución

Política de los Estados Unidos Mexicanos que establece en su artículo 71, que el derecho de iniciar leyes o decretos compete:

I   Al Presidente de la República;

II   A los Diputados y Senadores al Congreso de la Unión;

III   A las Legislaturas de los Estados;

IV   A los ciudadanos en un número equivalente, por lo menos, al cero punto trece por ciento de la lista nominal de electores, en los términos que señalen las leyes, someto a la consideración de esta Cámara de Senadores, la presente iniciativa con Proyecto de Decreto por el que se persigue reformar, adicionar y derogar diversas disposiciones de la Ley General del Sistema Nacional Anticorrupción.

EXPOSICIÓN DE MOTIVOS

Una de las tareas fundamentales del Sistema Nacional Anticorrupción (SNA) es la de establecer, articular y evaluar las políticas públicas integrales encaminadas a la prevención, detección y sanción de faltas administrativas y hechos de corrupción, así como a la fiscalización y control de los recursos públicos. Dichas políticas son de aplicación general, y serán implementadas por todos los entes públicos de todos los órdenes de gobierno.

Es necesario destacar que, de acuerdo a lo que se está viviendo en la actualidad, la gran mayoría de políticos desean llegar al poder con el único fin de satisfacer sus necesidades, sin importarles en ningún momento la situación en que se encuentra el país, burlando de manera flagrante las normas establecidas con el fin de regular sus funciones y que dichas normativas no sean aplicadas, por la apatía cómplice de quienes deben hacerlo. Es bien sabido, pues así lo establece nuestra Constitución, que la honestidad de los funcionarios debería ser una prioridad en el manejo de sus funciones dentro del puesto que desarrollan en el país. Por décadas, se ha venido viviendo un sinfín de atropellos que han llevado al deterioro de la nación. Por la relevancia del tema, necesario es recordar que, según lo establecido en nuestra carta magna en el artículo 128: "Todo funcionario público, sin excepción alguna, antes de tomar posesión de un cargo, prestará la protesta de guardar la constitución y las leyes que en ella emanen".

Con base en la situación actual que el país atraviesa respecto al combate a la corrupción, es necesario contar con un sistema de impacto transversal que permita a las instituciones y autoridades correspondientes, hacer frente a este fenómeno, aunado a la impunidad e inseguridad que afectan a la nación, siendo estas de las principales causales de pérdida de legitimidad en las instituciones, ya que, al no existir investigaciones ni sanciones verdaderas, además del nepotismo observado en la administración pública en todos sus niveles, la percepción ciudadana de confianza en los órganos del Estado es prácticamente inexistente.

Asimismo, es sabido que existe el Comité de Participación Ciudadana (CPC), el cual cuenta con la facultad de opinar y realizar las propuestas que considere pertinentes para proponer mecanismos de articulación con organizaciones de la sociedad civil, la academia y la ciudadanía en general. Por ello, el objetivo de esta propuesta es generar las condiciones institucionales y sociales propicias que garantice un control efectivo y transversal de la corrupción, para de erradicar de manera definitiva ese terrible flagelo que está carcomiendo a nuestra gran nación pero que, de manera categórica, la ley no conceda privilegios por tratarse de altos funcionarios en el cumplimiento de sus funciones. Del mismo modo una de las intenciones de la presente propuesta es solicitar de manera efectiva la activación de los mecanismos idóneos para combatir la impunidad, procurar e impartir de justicia en delitos por hechos de corrupción además de denunciar, investigar y sancionar las faltas administrativas existentes.

Considero pertinente que debe aplicarse de forma inmediata y efectiva dichos mecanismos, con el fin de diseñar y promover las políticas integrales en materia de fiscalización y control de recursos públicos, de prevención, control y disuasión de faltas administrativas y hechos de corrupción, en especial sobre las causas que los generan. La presente propuesta busca el fortalecimiento de diálogos con diversos actores sociales, de tal manera que se puedan recoger las distintas perspectivas y aproximaciones a esta problemática y favorecer el diseño de una política de estado de largo alcance. Esta propuesta también busca respaldar la construcción de una verdadera política anticorrupción incluyente, basada en evidencia sólida y que pueda ser operable por las diversas instituciones públicas responsables de los procesos que se vinculan al control de la corrupción.

Vale la pena recalcar la existencia de sistemas de control administrativo y de procuración e impartición de justicia eficaz, que es una condición básica para la construcción de un estado de derecho que proteja y garantice los derechos y libertades de las personas. En esta línea, un aspecto clave que cualquier política orientada al control de la corrupción debe asegurar la existencia de instituciones, sistemas y procesos eficaces dedicados a la denuncia, investigación, sustanciación y sanción de faltas administrativas y de presuntos delitos por hechos de corrupción. La débil aplicación de estos mecanismos genera incentivos para que los actores participen en hechos de corrupción debido a que las posibilidades de ser detectados, investigados y sancionados son pequeñas. En estos escenarios prevalece la impunidad que puede entenderse como la falta de sanción ante las faltas o los delitos cometidos.

Existe una apatía de la ciudadanía en general, en cuanto a presentar las respectivas denuncias ante los hechos de corrupción que se presentan en los distintos niveles del gobierno, puesto que la principal causa que pudiera explicar los bajos niveles de denuncia, es la existencia de una percepción social generalizada de la inutilidad del instrumento jurídico para perseguir, investigar y sancionar hechos de corrupción. De acuerdo a un estudio especializado referente a la problemática planteada, cerca de 50% de la población en los años 2015 y 2017, consideró que presentar una queja por actos de corrupción es una pérdida de tiempo. Esta percepción pesimista con relación a la efectividad de la denuncia resulta relevante si se considera que, al menos para el ámbito federal, entre tres y cuatro de cada diez sanciones administrativas impuestas provienen de esta clase de mecanismos. El desgano de la ciudadanía es comprensible, toda vez que se considera ineficaz el estamento constitucional que se pretende reformar.

Cualquier país que busque controlar de manera efectiva la corrupción, debe contar con estructuras administrativas capaces, cuyo actuar se guíe por criterios claros, imparciales, transparentes y justificables sobre bases técnicas. Asimismo, dichas estructuras administrativas deben contar con mecanismos de control y rendición de cuentas oportunos, que permitan vigilar el uso de los recursos públicos. Por otro lado, la puesta en marcha de otro tipo de medidas que controlen la corrupción, es decir, aquellas orientadas a reducir la impunidad o a incrementar el involucramiento y la vigilancia social deben promover cambios y mejoras en las administraciones públicas de manera indirecta (ya sea a través de la presión social o la aplicación de esquemas de vigilancia y rendición de cuentas). En cualquiera de estos dos escenarios, resulta evidente que un control efectivo de la corrupción implica necesariamente, el fortalecimiento del servicio y las administraciones públicas.

En los últimos años, el gobierno mexicano se ha caracterizado por el uso ilegítimo del poder público para el beneficio privado, así como todo uso ilegal o no ético de la actividad gubernamental como consecuencia de consideraciones de beneficio personal o político. En el mismo orden de ideas, existe una amplia gama de formas que adquiere la corrupción: abuso de poder, tráfico de influencias, compadrazgo, amiguismo, soborno, cohecho, mal uso de los conocimientos, fraude, aceptación de obsequios a cambio de favores, entre otros que forman parte de lo que denomina corrupción administrativa, que se distingue de la corrupción política porque la primera afecta principalmente a los burócratas que forman parte de la administración pública. La corrupción también se relaciona con la actitud negativa que adoptan los funcionarios públicos en su comportamiento ante la sociedad, como la falta de un código de ética en sus procedimientos o la deslealtad y traición a sus compañeros. Los fallidos intentos por erradicar la corrupción son muchos y se pueden documentar a partir de los planes de desarrollo, las campañas políticas e incluso las políticas públicas instrumentadas para tal efecto.

La corrupción administrativa en México es un referente obligado para todos los funcionarios que deseen comprender y actuar contra este flagelo, porque las campañas sociales, spots radiofónicos y anuncios contra la corrupción no han tenido el efecto deseado. Lo que requieren los programas contra la corrupción es disminuir los incentivos, aminorar la proclividad a usar la corrupción para evitar una fila, obtener un descuento o ganar tiempo en los burocráticos procesos. Parte de la corrupción está en el compadrazgo y el favoritismo.

El problema de la corrupción en las esferas del gobierno mexicano y en la administración pública en general, ha adquirido dimensiones inimaginables. Las he agrupado en dos grandes renglones para su mejor descripción, a saber, directo e indirecto. El primero tiene que ver con el dinero que los ciudadanos y las empresas deben destinar a pagos de sobornos o para la entrega de regalos o favores que les son solicitados por los servidores públicos o intermediarios para agilizar, aprobar o evitar trámites, pagos, solicitudes o inspecciones. El indirecto puede ser monetario o no monetario, y se manifiesta de diferentes formas, por ejemplo, una disminución en la inversión extranjera a causa de un entorno que dificulta la libre competencia, una mayor desigualdad en la distribución de los recursos o una erosión de la legitimidad y confianza en las instituciones, entre otras; ambas perspectivas, con las consiguientes afectaciones a la población en general. Es muy complejo medir todos los costos asociados a la corrupción, no obstante, resulta importante tratar de aproximar su cuantificación para dimensionar el problema que representa en la sociedad.

A lo anteriormente expuesto, considero pertinente agregar los siguientes preceptos establecidos en la Ley General de Responsabilidades Administrativas:

Artículo 52. Incurrirá en cohecho el servidor público que exija, acepte, obtenga o pretenda obtener, por sí o a través de terceros, con motivo de sus funciones, cualquier beneficio no comprendido en su remuneración como servidor público, que podría consistir en dinero; valores; bienes muebles o inmuebles, incluso mediante enajenación en precio notoriamente inferior al que se tenga en el mercado; donaciones; servicios; empleos y demás beneficios indebidos para sí o para su cónyuge, parientes consanguíneos, parientes civiles o para terceros con los que tenga relaciones profesionales, laborales o de negocios, o para socios o sociedades de las que el servidor público o las personas antes referidas formen parte.

Artículo 53. Cometerá peculado el servidor público que autorice, solicite o realice actos para el uso o apropiación para sí o para las personas a las que se refiere el artículo anterior, de recursos públicos, sean materiales, humanos o financieros, sin fundamento jurídico o en contraposición a las normas aplicables.

Artículo 54. Será responsable de desvío de recursos públicos el servidor público que autorice, solicite o realice actos para la asignación o desvío de recursos públicos, sean materiales, humanos o financieros, sin fundamento jurídico o en contraposición a las normas aplicables.

En ese orden de ideas, también considero oportuno acotar ciertas consideraciones internacionales con respecto a la corrupción. La primera de ellas, la Convención de las Naciones Unidas contra la Corrupción, se sostiene: "La corrupción es una plaga insidiosa que tiene un amplio espectro de consecuencias corrosivas para la sociedad. Socava la democracia y el estado de derecho, da pie a violaciones de los derechos humanos, distorsiona los mercados, menoscaba la calidad de vida y permite el florecimiento de la delincuencia organizada, el terrorismo y otras amenazas a la seguridad humana. Este fenómeno maligno se da en todos los países —grandes y pequeños, ricos y pobres— pero sus efectos son especialmente devastadores en el mundo en desarrollo. La corrupción afecta infinitamente más a los pobres porque desvía los fondos destinados al desarrollo, socava la capacidad de los gobiernos de ofrecer servicios básicos, alimenta la desigualdad y la injusticia y desalienta la inversión y las ayudas extranjeras. La corrupción es un factor clave del bajo rendimiento y un obstáculo muy importante para el alivio de la pobreza y el desarrollo". Por su parte, *Transparency International*, define a la corrupción como: "El abuso del poder confiado a una autoridad, para obtener beneficios privados. La corrupción puede clasificarse como "grande, pequeña y como corrupción política, dependiendo de los montos de dinero perdidos, y el sector en el cual ocurre".

Expuesto lo anterior paso al siguiente punto, el cual versa sobre la corrupción en las altas esferas del gobierno mexicano. La corrupción ha ocupado un lugar sobresaliente de la discusión pública en México durante los últimos 10 años. Muestra de ello fue que la elección nacional de 2018 orbitó alrededor de este asunto y actualmente continúa en el núcleo del discurso del gobierno federal. Ante la promesa perenne de acabar con la corrupción, la perspectiva de la ciudadanía gira alrededor de las siguientes interrogantes: ¿hay ahora más corrupción? ¿Hay menos?

Entre los años 2019 y 2020, una mayor proporción de los mexicanos consideró que la corrupción había aumentado, pasando de 46 a 53 por ciento. Asimismo, Andrés Manuel López Obrador registró una caída de 19 puntos en su aprobación como presidente de marzo de 2019 a marzo de 2020. Esta caída es el reflejo de la pérdida de apoyo ciudadano hacia las acciones gubernamentales. Las medidas anticorrupción no son la excepción, pues el apoyo en este rubro pasó de 70 por ciento en 2019 a 43 por ciento en 2020. En el año 2019 se reconoció la existencia de una ventana de oportunidades para sumar a amplios sectores de la sociedad en una estrategia nacional para acabar con la corrupción sistémica. La evidencia de este año sugiere que esa ventana se ha reducido, pero aún existe la posibilidad de impulsar acciones institucionales que cuenten con gran aceptación para disminuir la prevalencia de este fenómeno: difundir los mecanismos de denuncia, transparentar las decisiones públicas, reducir los espacios para el intercambio ilegal de favores y extorsión, priorizar acciones que beneficien a la ciudadanía, sobre todo a los más vulnerables y, tal como es la intención de la presente propuesta, modificar el estamento legal que regula la materia de corrupción en México.

Considero oportuno hacer referencia en cuanto a una de las promesas del actual Presidente de la República quien, según lo alegado durante su campaña presidencia, tiene la oportunidad de combatir la corrupción en los más altos niveles, pero tiene que defender la ley en todos los frentes si quiere que sea efectiva. Cuando el presidente López Obrador ganó la presidencia en 2018 con un escenario que prometía eliminar la corrupción en México, reconoció que el cambio tenía que empezar desde arriba. *"Vamos a limpiar al gobierno de corrupción como se barren las escaleras, de arriba para abajo*", declaró de forma célebre. Dijo que México ya no sufriría a manos de líderes corruptos, a quienes ha llamado *"la mafia del poder"*.

La corrupción descuartiza a México desde el alma y muchos lo ven como uno de los más graves problemas que ha enfrentado y aún enfrenta el país. Es la razón por la que los cárteles asesinos alzan la cabeza reluciendo de perfecta brillantes, los caminos lucen cualquier número de baches o los médicos no tienen mejores dispositivos de defensa para tratar a pacientes aquejados por la aniquiladora pandemia que sufre la humanidad, la COVID-19. Asimismo, permea la vida cotidiana, con sobornos que sirven como el lubricante que posibilita que el sistema siga funcionando, para de esa manera, convertir a una gran parte del país en cómplice. Los burócratas se ganan propinas en efectivo por emitir actas de nacimiento, por ejemplo, y los policías reciben mordidas por hacerse de la vista gorda cuando los automovilistas se pasan los semáforos en rojo.

Sin embargo, cuando los funcionarios del "alto" gobierno son corruptos las consecuencias son devastadoras. Ejemplo de ello fue el caso del ex-gobernador de Veracruz, Javier Duarte quien fue acusado de desfalcar las arcas del estado por miles de millones de dólares cuando ocupó el cargo entre 2010 y 2016, y más tarde fue declarado culpable de varios cargos. Durante su mandato, la pobreza aumentó y 17 periodistas fueron asesinados. Después de que dejó el puesto, se descubrió la fosa común más grande de la historia reciente de México. Hoy en día se tiene certeza de muchos actos de corrupción que son dejados a un lado, sin importar el grave daño que esto produce a la nación.

PROPUESTA

Con base a lo anteriormente expuesto, es posible sintetizar que en México persisten condiciones institucionales, administrativas y sociales que incrementan significativamente los riesgos de corrupción en diversos ámbitos, lo que impide un control efectivo de este fenómeno: desde las interacciones cotidianas de los ciudadanos con la autoridad (al realizar un trámite, por ejemplo), hasta los grandes casos de corrupción que suponen la colusión de autoridades, funcionarios y agentes privados (por ejemplo, al acordar de manera irregular una contratación pública).

Es bien sabido que la persistencia de las distintas manifestaciones de la corrupción en México es el resultado de la existencia de condiciones de riesgo en las que destacan graves errores con consecuencias catastróficas, tales como aquellas que establecen que las faltas administrativas y los delitos por hechos de corrupción no son investigados y sancionados de manera eficaz, y en donde, la denuncia no es una herramienta eficaz para el control de la corrupción. Las autoridades no emplean datos, evidencia e inteligencia suficiente para la prevención e investigación de hechos de corrupción.

Las instancias de control interno, así como las de impartición y procuración de justicia carecen de capacidades y recursos suficientes para realizar su labor con prontitud en materia de prevención, detección, investigación y sanción de hechos de corrupción. El servicio público a escala nacional no se articula sobre bases mínimas de mérito, profesionalismo, integridad y congruencia además de la incorrecta aplicación del estamento legal contra la corrupción. Con base en lo anterior, y con el objetivo central de generar las condiciones necesarias para un control efectivo de la corrupción en México en virtud de que la corrupción, despés de la violencia, es el segundo problema nacional percibido por la población mexicana; limita la funcionalidad de las instituciones, socava el estado de derecho e impide el desarrollo económico y social de las personas, tomando en consideración que hay una relación directa entre el desarrollo democrático y el control de la corrupción en los países y ante la necesidad urgente de crear normas e instituciones para impulsar una política de prevención, investigación y sanción de hechos de corrupción, propongo el siguiente proyecto que busca reformar el Artículo 218 del Código Penal Federal que textualmente establece, referente a la concusión:

"Comete el delito de concusión: el servidor público que con el carácter de tal y a título de impuesto o contribución, recargo, renta, rédito, salario o emolumento, exija, por sí o por medio de otro, dinero, valores, servicios o cualquiera otra cosa que sepa no ser debida, o en mayor cantidad que la señalada por la Ley. Al que cometa el delito de concusión se le impondrán las siguientes sanciones: Cuando la cantidad o el valor de lo exigido indebidamente no exceda del equivalente de quinientas veces el salario mínimo diario vigente en el Distrito Federal en el momento de cometerse el delito, o no sea valuable, se impondrán de tres meses a dos años de prisión, multa de treinta veces a trescientas veces el salario mínimo diario vigente en el Distrito Federal en el momento de cometerse el delito, y destitución e inhabilitación de tres meses a dos años para desempeñar otro empleo, cargo o comisión públicos.

Cuando la cantidad o el valor de lo exigido indebidamente exceda de quinientas veces el salario mínimo diario vigente en el Distrito Federal en el momento de cometerse el delito, se impondrán de dos años a doce años de prisión, multa de trescientas a quinientas veces el salario mínimo diario vigente en el Distrito Federal en el momento de cometerse el delito y destitución e inhabilitación de dos años a doce años para desempeñar otro empleo, cargo o comisión públicos".

En este sentido, se propone la reforma de dicho artículo en los siguientes términos:

"Comete el delito de concusión: el servidor público que con el carácter de tal y a título de impuesto o contribución, recargo, renta, rédito, salario o emolumento, exija, por sí o por medio de otro, dinero, valores, servicios o cualquiera otra cosa que sepa no ser debida, o en mayor cantidad que la señalada por la Ley. Al que cometa el delito de concusión se le impondrán las siguientes sanciones: Cuando la cantidad o el valor de lo exigido indebidamente no exceda del equivalente de quinientas veces el salario mínimo diario vigente en el Distrito Federal en el momento de cometerse el delito, o no sea valuable, se impondrán de tres meses a dos años de prisión, multa de treinta veces a trescientas veces el salario mínimo diario vigente en el Distrito Federal en el momento de cometerse el delito, y destitución e inhabilitación de tres meses a dos años para desempeñar otro empleo, cargo o comisión públicos.

Cuando la cantidad o el valor de lo exigido indebidamente exceda de quinientas veces el salario mínimo diario vigente en el Distrito Federal en el momento de cometerse el delito, se impondrán de **diez años a veinte años de prisión, multa de cinco mil a diez mil veces el salario mínimo diario vigente en el Distrito Federal en el momento de cometerse el delito y destitución e inhabilitación para desempeñar otro empleo, cargo o comisión públicos de por vida**".

Autor: Licenciado Octavio Aguilar   Petición Ciudadana

A 18 de febrero de 2022

ENMIENDA CON PROYECTO DE REFORMA CONSTITUCIONAL ANTICORRUPCIÓN DEL CÓDIGO PENAL FEDERAL
TÍTULO DÉCIMO, CAPÍTULO IV, ARTÍCULO 218.

Señores integrantes de la Cámara de Senadores

PRESENTE

Quien suscribe, Licenciado Octavio Aguilar Bejarano, como ciudadano mexicano, me queda muy clara la obligación de todos los habitantes de país de defender siempre la supremacía intacta del Constitucionalismo, por lo que considero que el Estado constitucional se basa en la libertad plena y absoluta, la justicia, la seguridad, la equidad, el respeto por la dignidad y el laicismo de las instituciones y el estado de derecho mismo. Por lo tanto, con fundamento en lo dispuesto en la Constitución Política de los Estados Unidos Mexicanos, que establece en su artículo 71, que el derecho de iniciar leyes o decretos compete:

V   Al Presidente de la República;

VI   A los Diputados y Senadores al Congreso de la Unión;

VII   A las Legislaturas de los Estados;

VIII   A los ciudadanos en un número equivalente, por lo menos, al cero punto trece por ciento de la lista nominal de electores, en los términos que señalen las leyes, someto a la consideración de esta Cámara de Senadores, la presente iniciativa con Proyecto de Decreto por el que se persigue reformar, adicionar y derogar diversas disposiciones de la Ley General del Sistema Nacional Anticorrupción.

EXPOSICIÓN DE MOTIVOS

Una de las tareas fundamentales del Sistema Nacional Anticorrupción (SNA) es la de establecer, articular y evaluar las políticas públicas integrales encaminadas a la prevención, detección y sanción de faltas administrativas y hechos de corrupción, así como a la fiscalización y control de los recursos públicos. Dichas políticas son de aplicación general, y serán implementadas por todos los entes públicos de todos los órdenes de gobierno.

Es necesario destacar que, de acuerdo a lo que se está viviendo en la actualidad, la gran mayoría de políticos desean llegar al poder con el único fin de satisfacer sus necesidades, sin importarles en ningún momento la situación en que se encuentra el país, burlando de manera flagrante las normas establecidas con el fin de regular sus funciones y que dichas normativas no sean aplicadas por la apatía cómplice de quienes deben hacerlo, lo cual es aún peor. Es bien sabido, y así lo establece nuestra Constitución, que la honestidad de los funcionarios debería ser una prioridad en el manejo de sus funciones dentro del puesto que desarrollan en el país. Por décadas, se ha venido viviendo un sinfín de atropellos que han llevado al deterioro de la nación. Por la relevancia del tema, necesario es recordar que, según lo establecido en nuestra carta magna en el artículo 128: "Todo funcionario público, sin excepción alguna, antes de tomar posesión de un cargo, prestará la protesta de guardar la constitución y las leyes que en ella emanen".

Con base en la situación actual que el país atraviesa respecto al combate a la corrupción, es necesario contar con un sistema de impacto transversal que permita a las instituciones y autoridades correspondientes, hacer frente a este fenómeno, aunado a la impunidad e inseguridad que afectan a la nación, siendo estas de las principales causales de pérdida de legitimidad en las instituciones, ya que, al no existir investigaciones ni sanciones verdaderas, además del nepotismo observado en la administración pública en todos sus niveles, la percepción ciudadana de confianza en los órganos del Estado es prácticamente inexistente.

Asimismo, es sabido que existe el Comité de Participación Ciudadana (CPC), el cual cuenta con la facultad de opinar y realizar las propuestas que considere pertinentes para proponer mecanismos de articulación con organizaciones de la sociedad civil, la academia y la ciudadanía en general. Por ello, el objetivo de esta propuesta es generar las condiciones institucionales y sociales propicias que garantice un control efectivo y transversal de la corrupción, para erradicar de manera definitiva ese terrible flagelo que está carcomiendo a nuestra gran nación pero que, de manera categórica, la ley no conceda privilegios por tratarse de altos funcionarios en el cumplimiento de sus funciones. Del mismo modo una de las intenciones de la presente propuesta es solicitar de un modo efectivo la activación de los mecanismos idóneos para combatir la impunidad, procurar e impartir de justicia en delitos por hechos de corrupción además de denunciar, investigar y sancionar las faltas administrativas existentes.

Considero pertinente que debe aplicarse de forma inmediata y efectiva dichos mecanismos, con el fin de diseñar y promover las políticas integrales en materia de fiscalización y control de recursos públicos, de prevención, control y disuasión de faltas administrativas y hechos de corrupción, en especial sobre las causas que los generan. La presente propuesta busca el fortalecimiento de diálogos con diversos actores sociales, de tal forma que se puedan recoger las distintas perspectivas y aproximaciones a esta problemática y favorecer así el diseño de una política de estado de largo alcance. Esta propuesta también busca respaldar la construcción de una verdadera política anticorrupción incluyente, basada en evidencia sólida y que pueda ser operable por las diversas instituciones públicas responsables de los procesos que se vinculan al control de la corrupción.

Vale la pena recalcar la existencia de sistemas de control administrativo y de procuración e impartición de justicia eficaz, que es una condición básica para la construcción de un estado de derecho que proteja y garantice los derechos y libertades de las personas. En esta línea, un aspecto clave que cualquier política orientada al control de la corrupción debe asegurar la existencia de instituciones, sistemas y procesos eficaces dedicados a la denuncia, investigación, sustanciación y sanción de faltas administrativas y de presuntos delitos por hechos de corrupción. La débil aplicación de estos mecanismos genera incentivos para que los actores participen en hechos de corrupción debido a que las posibilidades de ser detectados, investigados y sancionados son pequeñas. En estos escenarios prevalece la impunidad que puede entenderse como la falta de sanción ante las faltas o los delitos cometidos.

Existe una apatía de la ciudadanía en general, en cuanto a presentar las respectivas denuncias ante los hechos de corrupción que se presentan en los distintos niveles del gobierno, puesto que la principal causa que pudiera explicar los bajos niveles de denuncia, es la existencia de una percepción social generalizada de la inutilidad del instrumento jurídico para perseguir, investigar y sancionar hechos de corrupción. De acuerdo a un estudio especializado referente a la problemática planteada, cerca de 50% de la población en los años 2015 y 2017, consideró que presentar una queja por actos de corrupción es una pérdida de tiempo. Esta percepción pesimista con relación a la efectividad de la denuncia resulta relevante si se considera que, al menos para el ámbito federal, entre tres y cuatro de cada diez sanciones administrativas impuestas provienen de esta clase de mecanismos. El desgano de la ciudadanía es comprensible, toda vez que se considera ineficaz el estamento constitucional que se pretende reformar.

Cualquier país que busque controlar de manera efectiva la corrupción, debe contar con estructuras administrativas capaces, cuyo actuar se guíe por criterios claros, imparciales, transparentes y justificables sobre bases técnicas. Asimismo, dichas estructuras administrativas deben contar con mecanismos de control y rendición de cuentas oportunos, que permitan vigilar el uso de los recursos públicos. Por otro lado, la puesta en marcha de otro tipo de medidas que controlen la corrupción, es decir, aquellas orientadas a reducir la impunidad o a incrementar el involucramiento y la vigilancia social deben promover cambios y mejoras en las administraciones públicas de manera indirecta (ya sea a través de la presión social o la aplicación de esquemas de vigilancia y rendición de cuentas). En cualquiera de estos dos escenarios, resulta evidente que un control efectivo de la corrupción implica necesariamente, el fortalecimiento del servicio y las administraciones públicas.

En los últimos años, el gobierno mexicano se ha caracterizado por el uso ilegítimo del poder público para el beneficio privado, así como todo uso ilegal o no ético de la actividad gubernamental como consecuencia de consideraciones de beneficio personal o político. En el mismo orden de ideas, existe una amplia gama de formas que adquiere la corrupción: abuso de poder, tráfico de influencias, compadrazgo, amiguismo, soborno, cohecho, mal uso de los conocimientos, fraude, aceptación de obsequios a cambio de favores, entre otros que forman parte de lo que denomina corrupción administrativa, que se distingue de la corrupción política porque la primera afecta principalmente a los burócratas que forman parte de la administración pública. La corrupción también se relaciona con la actitud negativa que adoptan los funcionarios públicos en su comportamiento ante la sociedad, como la falta de un código de ética en sus procedimientos o la deslealtad y traición a sus compañeros. Los fallidos intentos por erradicar la corrupción son muchos y se pueden documentar a partir de los planes de desarrollo, las campañas políticas e incluso las políticas públicas instrumentadas para tal efecto.

La corrupción administrativa en México es un referente obligado para todos los funcionarios que deseen comprender y actuar contra este flagelo, porque las campañas sociales, spots radiofónicos y anuncios contra la corrupción no han tenido el efecto deseado. Lo que requieren los programas contra la corrupción es disminuir los incentivos, aminorar la proclividad a usar la corrupción para evitar una fila, obtener un descuento o ganar tiempo en los burocráticos procesos. Parte de la corrupción está en el compadrazgo y el favoritismo.

El problema de la corrupción en las esferas del gobierno mexicano y en la administración pública en general, ha adquirido dimensiones inimaginables. Las he agrupado en dos grandes renglones para su mejor descripción, a saber, directo e indirecto. El primero tiene que ver con el dinero que los ciudadanos y las empresas deben destinar a pagos de sobornos o para la entrega de regalos o favores que les son solicitados por los servidores públicos o intermediarios para agilizar, aprobar o evitar trámites, pagos, solicitudes o inspecciones. El indirecto puede ser monetario o no monetario, y se manifiesta de diferentes formas, por ejemplo, una disminución en la inversión extranjera a causa de un entorno que dificulta la libre competencia, una mayor desigualdad en la distribución de los recursos o una erosión de la legitimidad y confianza en las instituciones, entre otras; ambas perspectivas, con las consiguientes afectaciones a la población en general. Es muy complejo medir todos los costos asociados a la corrupción, no obstante, resulta importante tratar de aproximar su cuantificación para dimensionar el problema que representa en la sociedad.

A lo anteriormente expuesto, considero pertinente agregar los siguientes preceptos establecidos en la Ley General de Responsabilidades Administrativas:

Artículo 52. Incurrirá en cohecho el servidor público que exija, acepte, obtenga o pretenda obtener, por sí o a través de terceros, con motivo de sus funciones, cualquier beneficio no comprendido en su remuneración como servidor público, que podría consistir en dinero; valores; bienes muebles o inmuebles, incluso mediante enajenación en precio notoriamente inferior al que se tenga en el mercado; donaciones; servicios; empleos y demás beneficios indebidos para sí o para su cónyuge, parientes consanguíneos, parientes civiles o para terceros con los que tenga relaciones profesionales, laborales o de negocios, o para socios o sociedades de las que el servidor público o las personas antes referidas formen parte.

Artículo 53. Cometerá peculado el servidor público que autorice, solicite o realice actos para el uso o apropiación para sí o para las personas a las que se refiere el artículo anterior, de recursos públicos, sean materiales, humanos o financieros, sin fundamento jurídico o en contraposición a las normas aplicables.

Artículo 54. Será responsable de desvío de recursos públicos el servidor público que autorice, solicite o realice actos para la asignación o desvío de recursos públicos, sean materiales, humanos o financieros, sin fundamento jurídico o en contraposición a las normas aplicables.

En ese orden de ideas, también considero oportuno acotar ciertas consideraciones internacionales con respecto a la corrupción. La primera de ellas, la Convención de las Naciones Unidas contra la Corrupción, se sostiene: "La corrupción es una plaga insidiosa que tiene un amplio espectro de consecuencias corrosivas para la sociedad. Socava la democracia y el estado de derecho, da pie a violaciones de los derechos humanos, distorsiona los mercados, menoscaba la calidad de vida y permite el florecimiento de la delincuencia organizada, el terrorismo y otras amenazas a la seguridad humana. Este fenómeno maligno se da en todos los países —grandes y pequeños, ricos y pobres— pero sus efectos son especialmente devastadores en el mundo en desarrollo. La corrupción afecta infinitamente más a los pobres porque desvía los fondos destinados al desarrollo, socava la capacidad de los gobiernos de ofrecer servicios básicos, alimenta la desigualdad y la injusticia y desalienta la inversión y las ayudas extranjeras. La corrupción es un factor clave del bajo rendimiento y un obstáculo muy importante para el alivio de la pobreza y el desarrollo". Por su parte, *Transparency International*, define a la corrupción como: "El abuso del poder confiado a una autoridad, para obtener beneficios privados. La corrupción puede clasificarse como "grande, pequeña y como corrupción política, dependiendo de los montos de dinero perdidos, y el sector en el cual ocurre".

Expuesto lo anterior, paso al siguiente punto, el cual versa sobre la corrupción en las altas esferas del gobierno mexicano. La corrupción ha ocupado un lugar sobresaliente de la discusión pública en México durante los últimos 10 años. Muestra de ello fue que la elección nacional de 2018 orbitó alrededor de este asunto y actualmente continúa en el núcleo del discurso del gobierno federal. Ante la promesa perenne de acabar con la corrupción, la perspectiva de la ciudadanía gira alrededor de las siguientes interrogantes: ¿hay ahora más corrupción? ¿Hay menos?

Entre los años 2019 y 2020, una mayor proporción de los mexicanos consideró que la corrupción había aumentado, pasando de 46 a 53 por ciento. Asimismo, Andrés Manuel López Obrador registró una caída de 19 puntos en su aprobación como presidente de marzo de 2019 a marzo de 2020. Esta caída es el reflejo de la pérdida de apoyo ciudadano hacia las acciones gubernamentales. Las medidas anticorrupción no son la excepción, pues el apoyo en este rubro pasó de 70 por ciento en 2019 a 43 por ciento en 2020. En el año 2019 se reconoció la existencia de una ventana de oportunidades para sumar a amplios sectores de la sociedad en una estrategia nacional para acabar con la corrupción sistémica. La evidencia de este año sugiere que esa ventana se ha reducido, pero aún existe la posibilidad de impulsar acciones institucionales que cuenten con gran aceptación para disminuir la prevalencia de este fenómeno: difundir los mecanismos de denuncia, transparentar las decisiones públicas, reducir los espacios para el intercambio ilegal de favores y extorsión, priorizar acciones que beneficien a la ciudadanía, sobre todo a los más vulnerables tal como es la intención de la presente propuesta y modificar el estamento legal que regula la materia de corrupción en México.

Considero oportuno hacer referencia en cuanto a una de las promesas del actual Presidente de la República quien, según lo alegado durante su campaña presidencia, tiene la oportunidad de combatir la corrupción en los más altos niveles, pero tiene que defender la ley en todos los frentes si quiere que sea efectiva. Cuando el presidente López Obrador ganó la presidencia en 2018 con un escenario que prometía eliminar la corrupción en México, reconoció que el cambio tenía que empezar desde arriba. *"Vamos a limpiar al gobierno de corrupción como se barren las escaleras, de arriba para abajo"*, declaró de forma célebre. Dijo que México ya no sufriría a manos de líderes corruptos, a quienes ha llamado *"la mafia del poder"*.

La corrupción descuartiza a México desde el alma y muchos lo ven como uno de los más graves problemas que ha enfrentado y aún enfrenta el país. Es la razón por la que los cárteles asesinos alzan la cabeza reluciendo de perfecta brillantes, los caminos lucen cualquier número de baches o los médicos no tienen mejores dispositivos de defensa para tratar a pacientes aquejados por la aniquiladora pandemia que sufre la humanidad, la COVID-19. Asimismo, permea la vida cotidiana, con sobornos que sirven como el lubricante que posibilita que el sistema siga funcionando, para de esa manera, convertir a una gran parte del país en cómplice. Los burócratas se ganan propinas en efectivo por emitir actas de nacimiento, por ejemplo, y los policías reciben mordidas por hacerse de la vista gorda cuando los automovilistas se pasan los semáforos en rojo.

Sin embargo, cuando los funcionarios del "alto" gobierno son corruptos las consecuencias son devastadoras. Ejemplo de ello fue el caso del ex-gobernador de Veracruz, Javier Duarte quien fue acusado de desfalcar las arcas del estado por miles de millones de dólares cuando ocupó el cargo entre 2010 y 2016, y más tarde fue declarado culpable de varios cargos. Durante su mandato, la pobreza aumentó y 17 periodistas fueron asesinados. Después de que dejó el puesto, se descubrió la fosa común más grande de la historia reciente de México. Hoy en día se tiene certeza de muchos actos de corrupción que son dejados a un lado, sin importar el grave daño que esto produce a la nación.

PROPUESTA

Con base a lo anteriormente expuesto, es posible sintetizar que en México persisten condiciones institucionales, administrativas y sociales que incrementan significativamente los riesgos de corrupción en diversos ámbitos, lo que impide un control efectivo de este fenómeno: desde las interacciones cotidianas de los ciudadanos con la autoridad (al realizar un trámite, por ejemplo), hasta los grandes casos de corrupción que suponen la colusión de autoridades, funcionarios y agentes privados (por ejemplo, al acordar de manera irregular una contratación pública).

Es bien sabido que la persistencia de las distintas manifestaciones de la corrupción en México es el resultado de la existencia de condiciones de riesgo en las que destacan graves errores con consecuencias catastróficas, tales como aquellas que establecen que las faltas administrativas y los delitos por hechos de corrupción no son investigados y sancionados de manera eficaz, y en donde, la denuncia no es una herramienta eficaz para el control de la corrupción. Las autoridades no emplean datos, evidencia e inteligencia suficiente para la prevención e investigación de hechos de corrupción.

Las instancias de control interno, así como las de impartición y procuración de justicia carecen de capacidades y recursos suficientes para realizar su labor con prontitud en materia de prevención, detección, investigación y sanción de hechos de corrupción. El servicio público a escala nacional no se articula sobre bases mínimas de mérito, profesionalismo, integridad y congruencia además de la incorrecta aplicación del estamento legal contra la corrupción. Con base en lo anterior, y con el objetivo central de generar las condiciones necesarias para un control efectivo de la corrupción en México en virtud de que la corrupción, después de la violencia, es el segundo problema nacional percibido por la población mexicana; limita la funcionalidad de las instituciones, socava el estado de derecho e impide el desarrollo económico y social de las personas, tomando en consideración que hay una relación directa entre el desarrollo democrático y el control de la corrupción en los países y ante la necesidad urgente de crear normas e instituciones para impulsar una política de prevención, investigación y sanción de hechos de corrupción, propongo el siguiente proyecto que busca reformar el Artículo 218 del Código Penal Federal que textualmente establece, referente a la concusión:

"Comete el delito de concusión: el servidor público que con el carácter de tal y a título de impuesto o contribución, recargo, renta, rédito, salario o emolumento, exija, por sí o por medio de otro, dinero, valores, servicios o cualquiera otra cosa que sepa no ser debida, o en mayor cantidad que la señalada por la Ley. Al que cometa el delito de concusión se le impondrán las siguientes sanciones: Cuando la cantidad o el valor de lo exigido indebidamente no exceda del equivalente de quinientas veces el salario mínimo diario vigente en el Distrito Federal en el momento de cometerse el delito, o no sea valuable, se impondrán de tres meses a dos años de prisión, multa de treinta veces a trescientas veces el salario mínimo diario vigente en el Distrito Federal en el momento de cometerse el delito, y destitución e inhabilitación de tres meses

a dos años para desempeñar otro empleo, cargo o comisión públicos.

 Cuando la cantidad o el valor de lo exigido indebidamente exceda de quinientas veces el salario mínimo diario vigente en el Distrito Federal en el momento de cometerse el delito, se impondrán de dos años a doce años de prisión, multa de trescientas a quinientas veces el salario mínimo diario vigente en el Distrito Federal en el momento de cometerse el delito y destitución e inhabilitación de dos años a doce años para desempeñar otro empleo, cargo o comisión públicos".

En este sentido, se propone la reforma de dicho artículo en los siguientes términos:

"Comete el delito de concusión: el servidor público que con el carácter de tal y a título de impuesto o contribución, recargo, renta, rédito, salario o emolumento, exija, por sí o por medio de otro, dinero, valores, servicios o cualquiera otra cosa que sepa no ser debida, o en mayor cantidad que la señalada por la Ley. Al que cometa el delito de concusión se le impondrán las siguientes sanciones: Cuando la cantidad o el valor de lo exigido indebidamente no exceda del equivalente de quinientas veces el salario mínimo diario vigente en el Distrito Federal en el momento de cometerse el delito, o no sea valuable, se impondrán de tres meses a dos años de prisión, multa de treinta veces a trescientas veces el salario mínimo diario vigente en el Distrito Federal en el momento de cometerse el delito, y destitución e inhabilitación de tres meses a dos años para desempeñar otro empleo, cargo o comisión públicos.

Cuando la cantidad o el valor de lo exigido indebidamente exceda de quinientas veces el salario mínimo diario vigente en el Distrito Federal en el momento de cometerse el delito, se impondrán de **diez años a veinte años de prisión, multa de cinco mil a diez mil veces el salario mínimo diario vigente en el Distrito Federal en el momento de cometerse el delito y destitución e inhabilitación para desempeñar otro empleo, cargo o comisión públicos de por vida**".

Octavio Aguilar Bejarano

Autor: Licenciado Octavio Aguilar   Petición Ciudadana

A 18 de febrero de 2022

**ENMIENDA CON PROYECTO DE REFORMA
CONSTITUCIONAL ANTICORRUPCIÓN DEL CÓDIGO
PENAL FEDERAL
TÍTULO DÉCIMO, CAPÍTULO IV, ARTÍCULO 218.**

Señores integrantes de la Cámara de Diputados.

PRESENTE.

Quien suscribe, Licenciado Octavio Aguilar Bejarano, como ciudadano mexicano, me queda muy clara la obligación de todos los habitantes de país de defender siempre la supremacía intacta del Constitucionalismo, por lo que considero que el Estado constitucional se basa en la libertad plena y absoluta, la justicia, la seguridad, la equidad, el respeto por la dignidad y el laicismo de las instituciones y, por supuesto, el estado de derecho mismo. Por lo tanto, con fundamento en lo dispuesto en la Constitución Política de los Estados Unidos Mexicanos, que establece en su artículo 71, que el derecho de iniciar leyes o decretos compete:

IX   Al Presidente de la República;

X   A los Diputados y Senadores al Congreso de la Unión;

XI   A las Legislaturas de los Estados;

XII   A los ciudadanos en un número equivalente, por lo menos, al cero punto trece por ciento de la lista nominal de electores, en los términos que señalen las leyes, someto a la consideración de esta Cámara de Senadores, la presente iniciativa con Proyecto de Decreto por el que se persigue reformar, adicionar y derogar diversas disposiciones de la Ley General del Sistema Nacional Anticorrupción.

EXPOSICIÓN DE MOTIVOS

Una de las tareas fundamentales del Sistema Nacional Anticorrupción (SNA) es la de establecer, articular y evaluar las políticas públicas integrales encaminadas a la prevención, detección y sanción de faltas administrativas y hechos de corrupción, así como a la fiscalización y control de los recursos públicos. Dichas políticas son de aplicación general, y serán implementadas por todos los entes públicos de todos los órdenes de gobierno.

Es necesario destacar que, de acuerdo a lo que se está viviendo en la actualidad, la gran mayoría de políticos desean llegar al poder con el único fin de satisfacer sus necesidades, sin importarles en ningún momento la situación en que se encuentra el país, burlando de manera flagrante las normas establecidas con el fin de regular sus funciones y que dichas normativas no sean aplicadas por la apatía cómplice de quienes deben hacerlo. Es bien sabido, pues así lo establece nuestra Constitución, que la honestidad de los funcionarios debería ser una prioridad en el manejo de sus funciones dentro del puesto que desarrollan en el país. Por décadas, se ha venido viviendo un sinfín de atropellos que han llevado al deterioro de la nación. Por la relevancia del tema, necesario es recordar que, según lo establecido en nuestra carta magna en el artículo 128: "Todo funcionario público, sin excepción alguna, antes de tomar posesión de un cargo, prestará la protesta de guardar la constitución y las leyes que en ella emanen".

Con base en la situación actual que el país atraviesa respecto al combate a la corrupción, es necesario contar con un sistema de impacto transversal que permita a las instituciones y autoridades correspondientes, hacer frente a este fenómeno, aunado a la impunidad e inseguridad que afectan a la nación, siendo estas de las principales causales de pérdida de legitimidad en las instituciones, ya que, al no existir investigaciones   ni sanciones verdaderas, además del nepotismo observado en la administración pública en todos sus niveles, la percepción ciudadana de confianza en los órganos del Estado es prácticamente inexistente.

Asimismo, es sabido que existe el Comité de Participación Ciudadana (CPC), el cual cuenta con la facultad de opinar y realizar las propuestas que considere pertinentes para proponer mecanismos de articulación con organizaciones de la sociedad civil, la academia y la ciudadanía en general. Por ello, el objetivo de esta propuesta es generar las condiciones institucionales y sociales propicias que garantice un control efectivo y transversal de la corrupción para erradicar de manera definitiva ese terrible flagelo que está carcomiendo a nuestra gran nación pero que, de un modo categórico, la ley no conceda privilegios por tratarse de altos funcionarios en el cumplimiento de sus funciones. Del mismo modo una de las intenciones de la presente propuesta es solicitar de un modo efectivo la activación de los mecanismos idóneos para combatir la impunidad, procurar e impartir de justicia en delitos por hechos de corrupción además de denunciar, investigar y sancionar las faltas administrativas existentes.

Considero pertinente que debe aplicarse de forma inmediata y efectiva dichos mecanismos, con el fin de diseñar y promover las políticas integrales en materia de fiscalización y control de recursos públicos, de prevención, control y disuasión de faltas administrativas y hechos de corrupción, en especial sobre las causas que los generan. La presente propuesta busca el fortalecimiento de diálogos con diversos actores sociales, de tal manera que se puedan recoger las distintas perspectivas y aproximaciones a esta problemática y, con esto, favorecer el diseño de una política de estado de largo alcance. Esta propuesta también busca respaldar la construcción de una verdadera política anticorrupción incluyente, basada en evidencia sólida y que pueda ser operable por las diversas instituciones públicas responsables de los procesos que se vinculan al control de la corrupción.

Vale la pena recalcar la existencia de sistemas de control administrativo y de procuración e impartición de justicia eficaz, que es una condición básica para la construcción de un estado de derecho que proteja y garantice los derechos y libertades de las personas. En esta línea, un aspecto clave que cualquier política orientada al control de la corrupción debe asegurar la existencia de instituciones, sistemas y procesos eficaces dedicados a la denuncia, investigación, sustanciación y sanción de faltas administrativas y de presuntos delitos por hechos de corrupción. La débil aplicación de estos mecanismos genera incentivos para que los actores participen en hechos de corrupción debido a que las posibilidades de ser detectados, investigados y sancionados son pequeñas. En estos escenarios prevalece la impunidad que puede entenderse como la falta de sanción ante las faltas o los delitos cometidos.

Existe una apatía de la ciudadanía en general, en cuanto a presentar las respectivas denuncias ante los hechos de corrupción que se presentan en los distintos niveles del gobierno, puesto que la principal causa que pudiera explicar los bajos niveles de denuncia, es la existencia de una percepción social generalizada de la inutilidad del instrumento jurídico para perseguir, investigar y sancionar hechos de corrupción. De acuerdo a un estudio especializado referente a la problemática planteada, cerca de 50% de la población en los años 2015 y 2017 consideró que presentar una queja por actos de corrupción es una pérdida de tiempo. Esta percepción pesimista con relación a la efectividad de la denuncia resulta relevante si se considera que, al menos para el ámbito federal, entre tres y cuatro de cada diez sanciones administrativas impuestas provienen de esta clase de mecanismos. El desgano de la ciudadanía es comprensible, toda vez que se considera ineficaz el estamento constitucional que se pretende reformar.

Cualquier país que busque controlar de manera efectiva la corrupción, debe contar con estructuras administrativas capaces, cuyo actuar se guíe por criterios claros, imparciales, transparentes y justificables sobre bases técnicas. Asimismo, dichas estructuras administrativas deben contar con mecanismos de control y rendición de cuentas oportunos, que permitan vigilar el uso de los recursos públicos. Por otro lado, la puesta en marcha de otro tipo de medidas que controlen la corrupción, es decir, aquellas orientadas a reducir la impunidad o a incrementar el involucramiento y la vigilancia social deben promover cambios y mejoras en las administraciones públicas de manera indirecta (ya sea a través de la presión social o la aplicación de esquemas de vigilancia y rendición de cuentas). En cualquiera de estos dos escenarios, resulta evidente que un control efectivo de la corrupción implica necesariamente, el fortalecimiento del servicio y las administraciones públicas.

En los últimos años, el gobierno mexicano se ha caracterizado por el uso ilegítimo del poder público para el beneficio privado, así como todo uso ilegal o no ético de la actividad gubernamental como consecuencia de consideraciones de beneficio personal o político. En el mismo orden de ideas, existe una amplia gama de formas que adquiere la corrupción: abuso de poder, tráfico de influencias, compadrazgo, amiguismo, soborno, cohecho, mal uso de los conocimientos, fraude, aceptación de obsequios a cambio de favores, entre otros que forman parte de lo que denomina corrupción administrativa, que se distingue de la corrupción política porque la primera afecta principalmente a los burócratas que forman parte de la administración pública. La corrupción también se relaciona con la actitud negativa que adoptan los funcionarios públicos en su comportamiento ante la sociedad, como la falta de un código de ética en sus procedimientos o la deslealtad y traición a sus compañeros. Los fallidos intentos por erradicar la corrupción son muchos y se pueden documentar a partir de los planes de desarrollo, las campañas políticas e incluso las políticas públicas instrumentadas para tal efecto.

La corrupción administrativa en México es un referente obligado para todos los funcionarios que deseen comprender y actuar contra este flagelo, porque las campañas sociales, spots radiofónicos y anuncios contra la corrupción no han tenido el efecto deseado. Lo que requieren los programas contra la corrupción es disminuir los incentivos, aminorar la proclividad a usar la corrupción para evitar una fila, obtener un descuento o ganar tiempo en los burocráticos procesos. Parte de la corrupción está en el compadrazgo y el favoritismo.

El problema de la corrupción en las esferas del gobierno mexicano y en la administración pública en general, ha adquirido dimensiones inimaginables. Las he agrupado en dos grandes renglones para su mejor descripción, a saber, directo e indirecto. El primero tiene que ver con el dinero que los ciudadanos y las empresas deben destinar a pagos de sobornos o para la entrega de regalos o favores que les son solicitados por los servidores públicos o intermediarios para agilizar, aprobar o evitar trámites, pagos, solicitudes o inspecciones. El indirecto puede ser monetario o no monetario, y se manifiesta de diferentes formas, por ejemplo, una disminución en la inversión extranjera a causa de un entorno que dificulta la libre competencia, una mayor desigualdad en la distribución de los recursos o una erosión de la legitimidad y confianza en las instituciones, entre otras; ambas perspectivas, con las consiguientes afectaciones a la población en general. Es muy complejo medir todos los costos asociados a la corrupción, no obstante, resulta importante tratar de aproximar su cuantificación para dimensionar el problema que representa en la sociedad.

A lo anteriormente expuesto, considero pertinente agregar los siguientes preceptos establecidos en la Ley General de Responsabilidades Administrativas:

Artículo 52. Incurrirá en cohecho el servidor público que exija, acepte, obtenga o pretenda obtener, por sí o a través de terceros, con motivo de sus funciones, cualquier beneficio no comprendido en su remuneración como servidor público, que podría consistir en dinero; valores; bienes muebles o inmuebles, incluso mediante enajenación en precio notoriamente inferior al que se tenga en el mercado; donaciones; servicios; empleos y demás beneficios indebidos para sí o para su cónyuge, parientes consanguíneos, parientes civiles o para terceros con los que tenga relaciones profesionales, laborales o de negocios, o para socios o sociedades de las que el servidor público o las personas antes referidas formen parte.

Artículo 53. Cometerá peculado el servidor público que autorice, solicite o realice actos para el uso o apropiación para sí o para las personas a las que se refiere el artículo anterior, de recursos públicos, sean materiales, humanos o financieros, sin fundamento jurídico o en contraposición a las normas aplicables.

Artículo 54. Será responsable de desvío de recursos públicos el servidor público que autorice, solicite o realice actos para la asignación o desvío de recursos públicos, sean materiales, humanos o financieros, sin fundamento jurídico o en contraposición a las normas aplicables.

En ese orden de ideas, también considero oportuno acotar ciertas consideraciones internacionales con respecto a la corrupción. La primera de ellas, la Convención de las Naciones Unidas contra la Corrupción, se sostiene: "La corrupción es una plaga insidiosa que tiene un amplio espectro de consecuencias corrosivas para la sociedad. Socava la democracia y el estado de derecho, da pie a violaciones de los derechos humanos, distorsiona los mercados, menoscaba la calidad de vida y permite el florecimiento de la delincuencia organizada, el terrorismo y otras amenazas a la seguridad humana. Este fenómeno maligno se da en todos los países —grandes y pequeños, ricos y pobres— pero sus efectos son especialmente devastadores en el mundo en desarrollo. La corrupción afecta infinitamente más a los pobres porque desvía los fondos destinados al desarrollo, socava la capacidad de los gobiernos de ofrecer servicios básicos, alimenta la desigualdad y la injusticia y desalienta la inversión y las ayudas extranjeras. La corrupción es un factor clave del bajo rendimiento y un obstáculo muy importante para el alivio de la pobreza y el desarrollo". Por su parte, *Transparency International*, define a la corrupción como: "El abuso del poder confiado a una autoridad, para obtener beneficios privados. La corrupción puede clasificarse como "grande, pequeña y como corrupción política, dependiendo de los montos de dinero perdidos, y el sector en el cual ocurre".

Expuesto lo anterior, paso al siguiente punto, el cual versa sobre la corrupción en las altas esferas del gobierno mexicano. La corrupción ha ocupado un lugar sobresaliente de la discusión pública en México durante los últimos 10 años. Muestra de ello fue que la elección nacional de 2018 orbitó alrededor de este asunto y actualmente continúa en el núcleo del discurso del gobierno federal. Ante la promesa perenne de acabar con la corrupción, la perspectiva de la ciudadanía gira alrededor de las siguientes interrogantes: ¿hay ahora más corrupción? ¿Hay menos?

Entre los años 2019 y 2020, una mayor proporción de los mexicanos consideró que la corrupción había aumentado, pasando de 46 a 53 por ciento. Asimismo, Andrés Manuel López Obrador registró una caída de 19 puntos en su aprobación como presidente de marzo de 2019 a marzo de 2020. Esta caída es el reflejo de la pérdida de apoyo ciudadano hacia las acciones gubernamentales. Las medidas anticorrupción no son la excepción, pues el apoyo en este rubro pasó de 70 por ciento en 2019 a 43 por ciento en 2020. En el año 2019 se reconoció la existencia de una ventana de oportunidades para sumar a amplios sectores de la sociedad en una estrategia nacional para acabar con la corrupción sistémica. La evidencia de este año sugiere que esa ventana se ha reducido, pero aún existe la posibilidad de impulsar acciones institucionales que cuenten con gran aceptación para disminuir la prevalencia de este fenómeno: difundir los mecanismos de denuncia, transparentar las decisiones públicas, reducir los espacios para el intercambio ilegal de favores y extorsión, priorizar acciones que beneficien a la ciudadanía, sobre todo a los más vulnerables y, tal como es la intención de la presente propuesta, modificar el estamento legal que regula la materia de corrupción en México.

Considero oportuno hacer referencia en cuanto a una de las promesas del actual Presidente de la República quien, según lo alegado durante su campaña presidencia, tiene la oportunidad de combatir la corrupción en los más altos niveles, pero tiene que defender la ley en todos los frentes si quiere que sea efectiva. Cuando el presidente López Obrador ganó la presidencia en 2018 con un escenario que prometía eliminar la corrupción en México, reconoció que el cambio tenía que empezar desde arriba. *"Vamos a limpiar al gobierno de corrupción como se barren las escaleras, de arriba para abajo"*, declaró de forma célebre. Dijo que México ya no sufriría a manos de líderes corruptos, a quienes ha llamado *"la mafia del poder".*

La corrupción descuartiza a México desde el alma y muchos lo ven como uno de los más graves problemas que ha enfrentado y aún enfrenta el país. Es la razón por la que los cárteles asesinos alzan la cabeza reluciendo de perfecta brillantes, los caminos lucen cualquier número de baches o los médicos no tienen mejores dispositivos de defensa para tratar a pacientes aquejados por la aniquiladora pandemia que sufre la humanidad, la COVID-19. Asimismo, permea la vida cotidiana, con sobornos que sirven como el lubricante que posibilita que el sistema siga funcionando, para de esa manera, convertir a una gran parte del país en cómplice. Los burócratas se ganan propinas en efectivo por emitir actas de nacimiento, por ejemplo, y los policías reciben mordidas por hacerse de la vista gorda cuando los automovilistas se pasan los semáforos en rojo.

Sin embargo, cuando los funcionarios del "alto" gobierno son corruptos las consecuencias son devastadoras. Ejemplo de ello fue el caso del ex-gobernador de Veracruz, Javier Duarte quien fue acusado de desfalcar las arcas del estado por miles de millones de dólares cuando ocupó el cargo entre 2010 y 2016, y más tarde fue declarado culpable de varios cargos. Durante su mandato, la pobreza aumentó y 17 periodistas fueron asesinados. Después de que dejó el puesto, se descubrió la fosa común más grande de la historia reciente de México. Hoy en día se tiene certeza de muchos actos de corrupción que son dejados a un lado, sin importar el grave daño que esto produce a la nación.

PROPUESTA

Con base a lo anteriormente expuesto, es posible sintetizar que en México persisten condiciones institucionales, administrativas y sociales que incrementan significativamente los riesgos de corrupción en diversos ámbitos, lo que impide un control efectivo de este fenómeno: desde las interacciones cotidianas de los ciudadanos con la autoridad (al realizar un trámite, por ejemplo), hasta los grandes casos de corrupción que suponen la colusión de autoridades, funcionarios y agentes privados (por ejemplo, al acordar de manera irregular una contratación pública).

Es bien sabido que la persistencia de las distintas manifestaciones de la corrupción en México es el resultado de la existencia de condiciones de riesgo en las que destacan graves errores con consecuencias catastróficas, tales como aquellas que establecen que las faltas administrativas y los delitos por hechos de corrupción no son investigados y sancionados de manera eficaz, y en donde, la denuncia no es una herramienta eficaz para el control de la corrupción. Las autoridades no emplean datos, evidencia e inteligencia suficiente para la prevención e investigación de hechos de corrupción.

Las instancias de control interno, así como las de impartición y procuración de justicia carecen de capacidades y recursos suficientes para realizar su labor con prontitud en materia de prevención, detección, investigación y sanción de hechos de corrupción. El servicio público a escala nacional no se articula sobre bases mínimas de mérito, profesionalismo, integridad y congruencia además de la incorrecta aplicación del estamento legal contra la corrupción. Con base en lo anterior, y con el objetivo central de generar las condiciones necesarias para un control efectivo de la corrupción en México en virtud de que la corrupción, despúes de la violencia, es el segundo problema nacional percibido por la población mexicana; limita la funcionalidad de las instituciones, socava el estado de derecho e impide el desarrollo económico y social de las personas, tomando en consideración que hay una relación directa entre el desarrollo democrático y el control de la corrupción en los países y ante la necesidad urgente de crear normas e instituciones para impulsar una política de prevención, investigación y sanción de hechos de corrupción, propongo el siguiente proyecto que busca reformar el Artículo 218 del Código Penal Federal que textualmente establece, referente a la concusión:

"Comete el delito de concusión: el servidor público que con el carácter de tal y a título de impuesto o contribución, recargo, renta, rédito, salario o emolumento, exija, por sí o por medio de otro, dinero, valores, servicios o cualquiera otra cosa que sepa no ser debida, o en mayor cantidad que la señalada por la Ley. Al que cometa el delito de concusión se le impondrán las siguientes sanciones: Cuando la cantidad o el valor de lo exigido indebidamente no exceda del equivalente de quinientas veces el salario mínimo diario vigente en el Distrito Federal en el momento de cometerse el delito, o no sea valuable, se impondrán de tres meses a dos años de prisión, multa de treinta veces a trescientas veces el salario mínimo diario vigente en el Distrito Federal en el momento de cometerse el delito, y destitución e inhabilitación de tres meses

a dos años para desempeñar otro empleo, cargo o comisión públicos.

 Cuando la cantidad o el valor de lo exigido indebidamente exceda de quinientas veces el salario mínimo diario vigente en el Distrito Federal en el momento de cometerse el delito, se impondrán de dos años a doce años de prisión, multa de trescientas a quinientas veces el salario mínimo diario vigente en el Distrito Federal en el momento de cometerse el delito y destitución e inhabilitación de dos años a doce años para desempeñar otro empleo, cargo o comisión públicos".

En este sentido, se propone la reforma de dicho artículo en los siguientes términos:

"Comete el delito de concusión: el servidor público que con el carácter de tal y a título de impuesto o contribución, recargo, renta, rédito, salario o emolumento, exija, por sí o por medio de otro, dinero, valores, servicios o cualquiera otra cosa que sepa no ser debida, o en mayor cantidad que la señalada por la Ley. Al que cometa el delito de concusión se le impondrán las siguientes sanciones:

Cuando la cantidad o el valor de lo exigido indebidamente no exceda del equivalente de quinientas veces el salario mínimo diario vigente en el Distrito Federal en el momento de cometerse el delito, o no sea valuable, se impondrán de tres meses a dos años de prisión, multa de treinta veces a trescientas veces el salario mínimo diario vigente en el Distrito Federal en el momento de cometerse el delito, y destitución e inhabilitación de tres meses a dos años para desempeñar otro empleo, cargo o comisión públicos.

Cuando la cantidad o el valor de lo exigido indebidamente exceda de quinientas veces el salario mínimo diario vigente en el Distrito Federal en el momento de cometerse el delito, se impondrán de **diez años a veinte años de prisión, multa de cinco mil a diez mil veces el salario mínimo diario vigente en el Distrito Federal en el momento de cometerse el delito y destitución e inhabilitación para desempeñar otro empleo, cargo o comisión públicos de por vida**".

Octavio Aguilar Bejarano

Autor: Licenciado Octavio Aguilar   Petición Ciudadana

A 18 de febrero de 2022

EPÍLOGO

El más grande de nuestros males, el estancamiento de nuestro país a causa de los hechos de corrupción llevada a cabo por funcionarios inescrupulosos, ha llevado a una nación de economía floreciente al borde de la quiebra, tanto económica, como social y moral; lo cual ha aumentado los índices de pobreza y el desinterés de las personas hasta por la vida misma. Una solución infalible es, sin lugar a dudas, la aplicación de una enmienda para reformar el artículo 218 del Código Penal Federal, en el cual se establece un aumento considerable de las sanciones tanto corporales como pecuniarias. Es importante recalcar que el funcionario corrupto será inhabilitado de por vida para el ejercicio de la cosa pública.

La corrupción es una barrera por los monumentales costos económicos, políticos y sociales que origina en los países que la sufren con mayor agudeza. Identificar y cuantificar dichos costos es indispensable para conocer la dimensión del problema y diseñar políticas públicas adecuadas para su prevención y erradicación. De acuerdo con el Barómetro Global de la Corrupción 2013 de Transparencia Internacional, el 88%

de los mexicanos pensamos que la corrupción es un problema frecuente o muy frecuente, y la mitad de la población considera que la corrupción ha aumentado mucho en los últimos dos años. Muestra de la importancia de la corrupción en la agenda nacional es la creciente atención que sirve por parte de los medios: entre 1996 y 2014 el número de notas sobre corrupción en la prensa tuvo un crecimiento de más de cinco mil por ciento. Pasó de 502 a 29,505 notas en 18 años.

Ningún estado se escapa de la corrupción, en todas las entidades se percibe corrupción en el sector público. En Querétaro, el estado mejor calificado, el 65% de las personas cree que existe corrupción. El promedio de las 32 entidades fue de 85% de percepción. La corrupción no empieza ni termina en el sector público. Es un problema de oferta y demanda. El 44% de las empresas en México reconoció haber pagado un soborno, esto nos ubica solo por debajo de Rusia. Además, los encuestados respondieron que el 75% de los pagos extraoficiales que hacen las empresas mexicanas se utiliza para agilizar trámites y obtener licencias y permisos. Finalmente, una tercera parte de estos pagos se entregan a dependencias municipales.

Finalmente, sólo el 2% de los delitos de corrupción son castigados, siempre los cometidos por mandos inferiores.

Además, de las 444 denuncias presentadas por la Auditoría Superior de la Federación desde 1998 hasta 2012, sólo 7 fueron consignadas, es decir, 1.5%.

Propuestas

- Nivel Federal: Acompañamiento de la Sociedad Civil en la redacción de leyes secundarias.
- Nivel Estatal: Homologación de códigos penales para delitos de corrupción.
- Nivel Municipal: Uso de herramientas digitales para reducir discrecionalidad y trámites en ventanilla.
- Multinivel: Persecución de oficio para delitos de corrupción.
- Multinivel: Prohibir uso de dinero en efectivo en actividades gubernamentales.

ANEXO

México, D.F., febrero 2022

ASUNTO: Solicitud de una enmienda anticorrupción.

Presidente de la República
Presente.
Estimado señor Presidente:

Me siento en la obligación moral de dirigirle a usted esta epístola en momentos en que nuestra amada República mexicana enfrenta una situación severa con graves efectos en la salud, la economía y demás actividades humanas, situación originada por los actos de corrupción que deterioran enormemente la visión del país que su gestión ha querido preservar. Lo hago también en ejercicio de la facultad que usted me otorgara, en su momento, como garante del ejercicio ético en su gestión de gobierno.

Quiero, en primer lugar, reconocer el manejo transparente, informado, técnico y eficaz que ha llevado a cabo en su gestión de gobierno y a la vez realizarle una propuesta, la cual se basa en sus buenos oficios en cuanto a facilitar la aprobación de una enmienda de proyecto de Reforma Constitucional Anticorrupción del Código Penal Federal, específicamente lo estipulado en el título décimo, capítulo IV artículo 218. Al dirigirme a usted como Presidente de nuestra patria y no como represente de algún partido político, seguro estoy que comprenderá el porqué de mi propuesta y lo propicia de la misma para el engrandecimiento del país, principal bastión de su gobierno.

La presente iniciativa está fundamentada de acuerdo con este detestable fenómeno político y social, con funestas consecuencias económicas que se ha venido viviendo por décadas, y sobre todo, el daño que se le ha ocasionado a la patria, herencia de cada uno de nuestros descendientes y, más aún, por la gran incertidumbre que nos embarga, tanto a ustedes como a cada uno de los mexicanos. Dicho lo anterior, solo me resta hacer referencia a que todo funcionario que haya jurado servirle a la nación y que esté haciendo caso omiso a lo que un día pactó en dicho juramento, le ruego, ciudadano Presidente de la República, que este gran flagelo sea tratado con severidad. Del mismo modo, le solicito en nombre de un pueblo trabajador y pujante, que todo aquel que infrinja la ley, al momento de ser determinada su culpabilidad con sentencia definitivamente firme de manos del Poder Judicial; sea castigado de acuerdo con lo solicitado en la presente propuesta de enmienda y sea destituido e inhabilitado de inmediato de por vida, sin poder ejercer algún cargo público. Solo me queda decirle que juntos podemos hacer grande esta poderosa nación y que no se siga cometiendo perjurio.

PROPUESTA

Con base a lo anteriormente expuesto, es posible sintetizar que en México persisten condiciones institucionales, administrativas y sociales que incrementan significativamente los riesgos de corrupción en diversos ámbitos, lo que impide un control efectivo de este fenómeno: desde las interacciones cotidianas de los ciudadanos con la autoridad (al realizar un trámite, por ejemplo), hasta los grandes casos de corrupción que suponen la colusión de autoridades, funcionarios y agentes privados (por ejemplo, al acordar de manera irregular una contratación pública).

Es bien sabido que la persistencia de las distintas manifestaciones de la corrupción en México es el resultado de la existencia de condiciones de riesgo en las que destacan graves errores con consecuencias catastróficas, tales como aquellas que establecen que las faltas administrativas y los delitos por hechos de corrupción no son investigados y sancionados de manera eficaz, y en donde, la denuncia no es una herramienta eficaz para el control de la corrupción. Las autoridades no emplean datos, evidencia e inteligencia suficiente para la prevención e investigación de hechos de corrupción.

Las instancias de control interno, así como las de impartición y procuración de justicia carecen de capacidades y recursos suficientes para realizar su labor con prontitud en materia de prevención, detección, investigación y sanción de hechos de corrupción. El servicio público a escala nacional no se articula sobre bases mínimas de mérito, profesionalismo, integridad y congruencia además de la incorrecta aplicación del estamento legal contra la corrupción. Con base en lo anterior, y con el objetivo central de generar las condiciones necesarias para un control efectivo de la corrupción en México en virtud de que la corrupción, después de la violencia, es el segundo problema nacional percibido por la población mexicana; limita la funcionalidad de las instituciones, socava el estado de derecho e impide el desarrollo económico y social de las personas, tomando en consideración que hay una relación directa entre el desarrollo democrático y el control de la corrupción en los países y ante la necesidad urgente de crear normas e instituciones para impulsar una política de prevención, investigación y sanción de hechos de corrupción, propongo el siguiente proyecto que busca reformar el Artículo 218 del Código Penal Federal que textualmente establece, referente a la concusión:

"Comete el delito de concusión: el servidor público que con el carácter de tal y a título de impuesto o contribución, recargo, renta, rédito, salario o emolumento, exija, por sí o por medio de otro, dinero, valores, servicios o cualquiera otra cosa que sepa no ser debida, o en mayor cantidad que la señalada por la Ley. Al que cometa el delito de concusión se le impondrán las siguientes sanciones: Cuando la cantidad o el valor de lo exigido indebidamente no exceda del equivalente de quinientas veces el salario mínimo diario vigente en el Distrito Federal en el momento de cometerse el delito, o no sea valuable, se impondrán de tres meses a dos años de prisión, multa de treinta veces a trescientas veces el salario mínimo diario vigente en el Distrito Federal en el momento de cometerse el delito, y destitución e inhabilitación de tres meses

a dos años para desempeñar otro empleo, cargo o comisión públicos.

 Cuando la cantidad o el valor de lo exigido indebidamente exceda de quinientas veces el salario mínimo diario vigente en el Distrito Federal en el momento de cometerse el delito, se impondrán de dos años a doce años de prisión, multa de trescientas a quinientas veces el salario mínimo diario vigente en el Distrito Federal en el momento de cometerse el delito y destitución e inhabilitación de dos años a doce años para desempeñar otro empleo, cargo o comisión públicos".

En este sentido, se propone la reforma de dicho artículo en los siguientes términos:

"Comete el delito de concusión: el servidor público que con el carácter de tal y a título de impuesto o contribución, recargo, renta, rédito, salario o emolumento, exija, por sí o por medio de otro, dinero, valores, servicios o cualquiera otra cosa que sepa no ser debida, o en mayor cantidad que la señalada por la Ley. Al que cometa el delito de concusión se le impondrán las siguientes sanciones:

Cuando la cantidad o el valor de lo exigido indebidamente no exceda del equivalente de quinientas veces el salario mínimo diario vigente en el Distrito Federal en el momento de cometerse el delito, o no sea valuable, se impondrán de tres meses a dos años de prisión, multa de treinta veces a trescientas veces el salario mínimo diario vigente en el Distrito Federal en el momento de cometerse el delito, y destitución e inhabilitación de tres meses a dos años para desempeñar otro empleo, cargo o comisión públicos.

Cuando la cantidad o el valor de lo exigido indebidamente exceda de quinientas veces el salario mínimo diario vigente en el Distrito Federal en el momento de cometerse el delito, se impondrán de **diez años a veinte años de prisión, multa de cinco mil a diez mil veces el salario mínimo diario vigente en el Distrito Federal en el momento de cometerse el delito y destitución e inhabilitación para desempeñar otro empleo, cargo o comisión públicos de por vida**".

Quedo a la espera de su respuesta.

Atentamente: Lic. Octavio Aguilar Bejarano.
GM: octaviobejarano@gmail.com

México, D.F., febrero 2022

ASUNTO: Solicitud de una enmienda anticorrupción.

Distinguidos miembros de la honorable Cámara de Senadores.

Me hago constar ante la presencia de quienes nos representan en uno de los Poderes más importantes de la nación, con el único propósito de solicitarles encarecidamente, la aprobación de una enmienda de proyecto de Reforma Constitucional Anticorrupción del Código Penal Federal, específicamente lo estipulado en el título décimo, capítulo IV artículo 218. Al dirigirme a cada uno de ustedes, no como represes de algún partido político, sino como algo mucho más estructural, como representación de los habitantes de esta gran nación; misma que cada uno quiere que sea lo mejor.

La presente iniciativa está fundamentada de acuerdo con este detestable fenómeno político y social, con funestas consecuencias económicas que se ha venido viviendo por décadas, y sobre todo, el daño que se le ha ocasionado a la patria, herencia de cada uno de nuestros descendientes y, más aún, por la gran incertidumbre que nos embarga, tanto a ustedes como a cada uno de los mexicanos. Dicho lo anterior, solo me resta hacer referencia a que todo funcionario que haya jurado servirle a la nación y que esté haciendo caso omiso a lo que un día pactó en dicho juramento, les ruego, honorables miembros de la Cámara de Senadores, que este gran flagelo sea tratado con severidad. Del mismo modo, les solicito en nombre de un pueblo trabajador y pujante, que todo aquel que infrinja la ley, al momento de ser determinada su culpabilidad con sentencia definitivamente firme de manos del Poder Judicial; sea castigado de acuerdo con lo solicitado en la presente propuesta de enmienda y sea destituido e inhabilitado de inmediato de por vida, sin poder ejercer algún cargo público. Solo me queda decirles que juntos podemos hacer grande esta poderosa nación y que no se siga cometiendo perjurio.

PROPUESTA

Con base a lo anteriormente expuesto, es posible sintetizar que en México persisten condiciones institucionales, administrativas y sociales que incrementan significativamente los riesgos de corrupción en diversos ámbitos, lo que impide un control efectivo de este fenómeno: desde las interacciones cotidianas de los ciudadanos con la autoridad (al realizar un trámite, por ejemplo), hasta los grandes casos de corrupción que suponen la colusión de autoridades, funcionarios y agentes privados (por ejemplo, al acordar de manera irregular una contratación pública).

Es bien sabido que la persistencia de las distintas manifestaciones de la corrupción en México es el resultado de la existencia de condiciones de riesgo en las que destacan graves errores con consecuencias catastróficas, tales como aquellas que establecen que las faltas administrativas y los delitos por hechos de corrupción no son investigados y sancionados de manera eficaz, y en donde, la denuncia no es una herramienta eficaz para el control de la corrupción. Las autoridades no emplean datos, evidencia e inteligencia suficiente para la prevención e investigación de hechos de corrupción.

Las instancias de control interno, así como las de impartición y procuración de justicia carecen de capacidades y recursos suficientes para realizar su labor con prontitud en materia de prevención, detección, investigación y sanción de hechos de corrupción. El servicio público a escala nacional no se articula sobre bases mínimas de mérito, profesionalismo, integridad y congruencia además de la incorrecta aplicación del estamento legal contra la corrupción. Con base en lo anterior, y con el objetivo central de generar las condiciones necesarias para un control efectivo de la corrupción en México en virtud de que la corrupción, después de la violencia, es el segundo problema nacional percibido por la población mexicana; limita la funcionalidad de las instituciones, socava el estado de derecho e impide el desarrollo económico y social de las personas, tomando en consideración que hay una relación directa entre el desarrollo democrático y el control de la corrupción en los países y ante la necesidad urgente de crear normas e instituciones para impulsar una política de prevención, investigación y sanción de hechos de corrupción, propongo el siguiente proyecto que busca reformar el Artículo 218 del Código Penal Federal que textualmente establece, referente a la concusión:

> "Comete el delito de concusión: el servidor público que con el carácter de tal y a título de impuesto o contribución, recargo, renta, rédito, salario o emolumento, exija, por sí o por medio de otro, dinero, valores, servicios o cualquiera otra cosa que sepa no ser debida, o en mayor cantidad que la señalada por la Ley. Al que cometa el delito de concusión se le impondrán las siguientes sanciones:

Cuando la cantidad o el valor de lo exigido indebidamente no exceda del equivalente de quinientas veces el salario mínimo diario vigente en el Distrito Federal en el momento de cometerse el delito, o no sea valuable, se impondrán de tres meses a dos años de prisión, multa de treinta veces a trescientas veces el salario mínimo diario vigente en el Distrito Federal en el momento de cometerse el delito, y destitución e inhabilitación de tres meses a dos años para desempeñar otro empleo, cargo o comisión públicos.

Cuando la cantidad o el valor de lo exigido indebidamente exceda de quinientas veces el salario mínimo diario vigente en el Distrito Federal en el momento de cometerse el delito, se impondrán de dos años a doce años de prisión, multa de trescientas a quinientas veces el salario mínimo diario vigente en el Distrito Federal en el momento de cometerse el delito y destitución e inhabilitación de dos años a doce años para desempeñar otro empleo, cargo o comisión públicos".

En este sentido, se propone la reforma de dicho artículo en los siguientes términos:

"Comete el delito de concusión: el servidor público que con el carácter de tal y a título de impuesto o contribución, recargo, renta, rédito, salario o emolumento, exija, por sí o por medio de otro, dinero, valores, servicios o cualquiera otra cosa que sepa no ser debida, o en mayor cantidad que la señalada por la Ley. Al que cometa el delito de concusión se le impondrán las siguientes sanciones: Cuando la cantidad o el valor de lo exigido indebidamente no exceda del equivalente de quinientas veces el salario mínimo diario vigente en el Distrito Federal en el momento de cometerse el delito, o no sea valuable, se impondrán de tres meses a dos años de prisión, multa de treinta veces a trescientas veces el salario mínimo diario vigente en el Distrito Federal en el momento de cometerse el delito, y destitución e inhabilitación de tres meses a dos años para desempeñar otro empleo, cargo o comisión públicos.

Cuando la cantidad o el valor de lo exigido indebidamente exceda de quinientas veces el salario mínimo diario vigente en el Distrito Federal en el momento de cometerse el delito, se impondrán de **diez años a veinte años de prisión, multa de cinco mil a diez mil veces el salario mínimo diario vigente en el Distrito Federal en el momento de cometerse el delito y destitución e inhabilitación para desempeñar otro empleo, cargo o comisión públicos de por vida**".

Quedo a la espera de su respuesta.

Atentamente: Lic. Octavio Aguilar Bejarano.
GM: octaviobejarano@gmail.com

Octavio Aguilar Bejarano

México, D.F., febrero 2022

ASUNTO: Solicitud de una enmienda anticorrupción.

Distinguidos miembros de la honorable Cámara de Diputados.

En mi carácter de ciudadano mexicano, me dirijo a ustedes para manifestarles mi profunda preocupación por la grave crisis que amenaza a nuestra gran nación, orgullo de cada uno de sus habitantes. La presente misiva tiene como objetivo fundamental, solicitarles encarecidamente la aprobación de una enmienda de proyecto de Reforma Constitucional Anticorrupción del Código Penal Federal, específicamente lo estipulado en el título décimo, capítulo IV artículo 218. Al dirigirme a cada uno de ustedes, no como represente de algún partido político, sino como algo mucho más estructural, como representación de los habitantes de esta gran nación; misma que cada uno quiere que sea lo mejor.

La presente iniciativa está fundamentada de acuerdo con este detestable fenómeno político y social, con funestas consecuencias económicas que se ha venido viviendo por

148

décadas, y sobre todo, el daño que se le ha ocasionado a la patria, herencia de cada uno de nuestros descendientes y, más aún, por la gran incertidumbre que nos embarga, tanto a ustedes como a cada uno de los mexicanos. Dicho lo anterior, solo me resta hacer referencia a que todo funcionario que haya jurado servirle a la nación y que esté haciendo caso omiso a lo que un día pactó en dicho juramento, les ruego, honorables miembros de la Cámara de Diputados, que este gran flagelo sea tratado con severidad. Del mismo modo, les solicito en nombre de un pueblo trabajador y pujante, que todo aquel que infrinja la ley, al momento de ser determinada su culpabilidad con sentencia definitivamente firme de manos del Poder Judicial; sea castigado de acuerdo con lo solicitado en la presente propuesta de enmienda y sea destituido e inhabilitado de inmediato de por vida, sin poder ejercer algún cargo público. Solo me queda decirles que juntos podemos hacer grande esta poderosa nación y que no se siga cometiendo perjurio.

PROPUESTA

Con base a lo anteriormente expuesto, es posible sintetizar que en México persisten condiciones institucionales, administrativas y sociales que incrementan significativamente los riesgos de corrupción en diversos ámbitos, lo que impide un control efectivo de este fenómeno: desde las interacciones cotidianas de los ciudadanos con la autoridad (al realizar un trámite, por ejemplo), hasta los grandes casos de corrupción que suponen la colusión de autoridades, funcionarios y agentes privados (por ejemplo, al acordar de manera irregular una contratación pública).

Es bien sabido que la persistencia de las distintas manifestaciones de la corrupción en México es el resultado de la existencia de condiciones de riesgo en las que destacan graves errores con consecuencias catastróficas, tales como aquellas que establecen que las faltas administrativas y los delitos por hechos de corrupción no son investigados y sancionados de manera eficaz, y en donde, la denuncia no es una herramienta eficaz para el control de la corrupción. Las autoridades no emplean datos, evidencia e inteligencia suficiente para la prevención e investigación de hechos de corrupción.

Las instancias de control interno, así como las de impartición y procuración de justicia carecen de capacidades y recursos suficientes para realizar su labor con prontitud en materia de prevención, detección, investigación y sanción de hechos de corrupción. El servicio público a escala nacional no se articula sobre bases mínimas de mérito, profesionalismo, integridad y congruencia además de la incorrecta aplicación del estamento legal contra la corrupción. Con base en lo anterior, y con el objetivo central de generar las condiciones necesarias para un control efectivo de la corrupción en México en virtud de que la corrupción, después de la violencia, es el segundo problema nacional percibido por la población mexicana; limita la funcionalidad de las instituciones, socava el estado de derecho e impide el desarrollo económico y social de las personas, tomando en consideración que hay una relación directa entre el desarrollo democrático y el control de la corrupción en los países y ante la necesidad urgente de crear normas e instituciones para impulsar una política de prevención, investigación y sanción de hechos de corrupción, propongo el siguiente proyecto que busca reformar el Artículo 218 del Código Penal Federal que textualmente establece, referente a la concusión:

"Comete el delito de concusión: el servidor público que con el carácter de tal y a título de impuesto o contribución, recargo, renta, rédito, salario o emolumento, exija, por sí o por medio de otro, dinero, valores, servicios o cualquiera otra cosa que sepa no ser debida, o en mayor cantidad que la señalada por la Ley. Al que cometa el delito de concusión se le impondrán las siguientes sanciones: Cuando la cantidad o el valor de lo exigido indebidamente no exceda del equivalente de quinientas veces el salario mínimo diario vigente en el Distrito Federal en el momento de cometerse el delito, o no sea valuable, se impondrán de tres meses a dos años de prisión, multa de treinta veces a trescientas veces el salario mínimo diario vigente en el Distrito Federal en el momento de cometerse el delito, y destitución e inhabilitación de tres meses a dos años para desempeñar otro empleo, cargo o comisión públicos.

 Cuando la cantidad o el valor de lo exigido indebidamente exceda de quinientas veces el salario mínimo diario vigente en el Distrito Federal en el momento de cometerse el delito, se impondrán de dos años a doce años de prisión, multa de trescientas a quinientas veces el salario mínimo diario vigente en el Distrito Federal en el momento de cometerse el delito y destitución e inhabilitación de dos años a doce años para desempeñar otro empleo, cargo o comisión públicos".

En este sentido, se propone la reforma de dicho artículo en los siguientes términos:

"Comete el delito de concusión: el servidor público que con el carácter de tal y a título de impuesto o contribución, recargo, renta, rédito, salario o emolumento, exija, por sí o por medio de otro, dinero, valores, servicios o cualquiera otra cosa que sepa no ser debida, o en mayor cantidad que la señalada por la Ley. Al que cometa el delito de concusión se le impondrán las siguientes sanciones: Cuando la cantidad o el valor de lo exigido indebidamente no exceda del equivalente de quinientas veces el salario mínimo diario vigente en el Distrito Federal en el momento de cometerse el delito, o no sea valuable, se impondrán de tres meses a dos años de prisión, multa de treinta veces a trescientas veces el salario mínimo diario vigente en el Distrito Federal en el momento de cometerse el delito, y destitución e inhabilitación de tres meses a dos años para desempeñar otro empleo, cargo o comisión públicos.

Cuando la cantidad o el valor de lo exigido indebidamente exceda de quinientas veces el salario mínimo diario vigente en el Distrito Federal en el momento de cometerse el delito, se impondrán de **diez años a veinte años de prisión, multa de cinco mil a diez mil veces el salario mínimo diario vigente en el Distrito Federal en el momento de cometerse el delito y destitución e inhabilitación para desempeñar otro empleo, cargo o comisión públicos de por vida**".

Quedo a la espera de su respuesta.

Atentamente: Lic. Octavio Aguilar Bejarano.
GM: octaviobejarano@gmail.com

REFERENCIAS BIBLIOGRÁFICAS

☐ Aguilar Camín, Héctor, Después del Milagro, México, Cal y Arena. 1989.

☐ Arreola, Álvaro, "Isidro Fabela y Alfredo del Mazo Vélez (Estado de México, PRM/PRI, 1942-1951)" (pp. 31-59), en Andrew Paxman (coord.), *Los gobernadores, caciques del pasado y del presente*, México, Grijalbo, 2018.

☐ Bertaccini, Tiziana y Alberto J. Aguilar Iñarritu, *La transformación del PRI. De la oposición a la reconquista del poder*, México, Fundación Colosio, 2015.

☐ Casar, María Amparo, "Quince años de gobierno sin mayoría en el Congreso mexicano", *Política y Gobierno*, vol. XXV, núm. 2, 2013.

☐ Camp, Roderic A., Politics in México, Oxford, Oxford University Press, 1993.

☐ Cárdenas Gracia, Jaime F., Crisis de Legitimidad y Democracia interna de los Partidos Políticos, México, FCE, 1992.

☐ Carpizo, Jorge, El Presidencialismo Mexicano, México, Siglo XXJ Editores, 1989.

Centeno, Miguel Ángel, Democracy within Reason, Technocratic Revolution in México, University Park, Pa,, The Pennsylvania State University Press, 1994.

Estévez, Dolia, "Con AMLO ganó la izquierda del pri, y no la izquierda histórica, dice el historiador John Womack", Sin embargo, 28 de julio de 2018.

Garrido, Luis Javier, La Ruptura. La Corriente Democrática del PRI, México, Grijalbo, 1993.

Hernández Rodríguez, Rogelio y Will C. Panters, "La democracia en México y el retorno del PRI", *Foro Internacional, núm.* 52 (2012), pp. 755-795.

Jaramillo, Máximo, "¿Una nueva política social?: cambios y continuidades en los programas sociales de la 4T", Análisis Plural, julio-diciembre de 2019, pp. 137-154.

Jiménez, Horacio, "Mi voto, para amlo o quién revierte reforma energética: Cuauhtémoc Cárdenas", El Universal, 29 de mayo de 2018.

Julio Boltvinik, "Fox y la política social", en *La Jomada,* 23 de junio del 2000.

Universidad Nacional Autónoma de México. *La corrupción en México: percepción, prácticas y sentido ético. Encuesta Nacional de Corrupción y Cultura de la Legalidad.* Ciudad de México: UNAM, 2015.

URL:

https://www.buscabiografias.com/biografia/verDetalle/2894/Erne sto%20Zedillo. Publicación: 2004/06/09.

ACERCA DEL AUTOR

Octavio Aguilar es Licenciado en Administración de Empresas, egresado de la Universidad de Innovación. Nacido en el Estado de Sinaloa de México, reside actualmente en Phoenix, Arizona, Estados Unidos.

Se desempeña como dueño de una compañía, y debido al alto índice de acontecimientos traumáticos, optó por plasmar de una manera sencilla, directa y cruda en esta novela, una catástrofe global; y la necesidad de concientizar a la sociedad para ser más respetuosa de la ecología y del medio ambiente, intentando rescatar valores como la lealtad, la solidaridad, la amistad, la honestidad y la ética.